작은 학교 다모임

6학급 농어촌 학교,
초등 자치활동 3년의 기록

6학급 농어촌 학교, 초등 자치활동 3년의 기록
작은 학교 다모임

제1판 제1쇄 인쇄 2020년 02월 17일
제1판 제1쇄 발행 2020년 02월 28일

지은이 김래연 **발행인** 조헌성 **발행처** (주)미래와경영
ISBN 978-89-6287-208-8 03370 **값 16,000원**
출판등록 2000년 03월 24일 제25100-2006-000040호
주소 (08590) 서울특별시 금천구 가산디지털1로 84, 에이스하이엔드타워 8차 1106호
전화번호 02) 837-1107 **팩스번호** 02) 837-1108
홈페이지 www.fmbook.com **이메일** fmbook@naver.com

■ 좋은 책은 독자와 함께합니다.
책을 펴내고 싶은 소중한 경험이나 지식, 아이디어를 이메일 fmbook@naver.com로 보내주세요.
(주)미래와경영은 언제나 여러분께 열려 있습니다.

작은 학교 다모임

6학급 농어촌 학교, 초등 자치활동 3년의 기록

김래연 지음

미래와경영

Prologue

다모임에는 정답이 없습니다

처음 다모임을 시작하던 때를 기억합니다. 마치 눈앞에 흰 눈이 소복하게 쌓여 있는 기분이었습니다. 아무도 밟지 않은 그 눈길을 걸어가려고 할 때, 두려움과 설렘이 교차했습니다.

우리 학교의 선생님들도 저도, 다모임에 대해 확실히 알지 못했습니다. 몇몇 학교에서는 다모임을 운영한다고 했지만 구체적인 정보도, 방법도 알 수 없었습니다. 어떤 강의에서는 더러 다모임 운영 사례를 발표한다고 했지만 시간을 맞추기가 어려웠습니다. 결국 하나하나 시도해 보며, 우리 학교만의 다모임을 만들어가는 수밖에 없었습니다.

'참고할만한 책이 있다면 얼마나 좋을까?'

다모임의 눈길을 걸으며 수없이 했던 생각입니다. 많은 학교에서 특색 있게 다모임을 운영하고 있음에도 불구하고, 이를 기록해 놓은 책은 많지 않습니다. 그 불편한 기억이 책을 쓰는 원동력이 되었습니다. 내가 힘들게 걸었던 길을 누군가는 조금 더 수월하게 지나가길 바랐습니다.

이 책은 3년간 몸으로 부딪히며 겪은 작은 학교 다모임의 이야기입니다. 눈길

여기저기에 발자국을 남기며, 직접 걸은 경험담입니다. 뽀드득한 눈 소리에 행복하기도 했고, 때로는 눈과 흙이 뒤섞인 발끝의 질척함이 버겁기도 했던 날들의 기록입니다.

이 책에는 6학급 농어촌 소규모 학교의 다모임 이야기가 담겨 있습니다. 다모임의 첫출발부터, 교육공동체가 좌충우돌하면서 만들어 낸 현재의 모습까지 기록했습니다. 다모임의 전반적인 운영 방향과 다모임에 대한 저의 가치관이 들어 있습니다. 그동안 학생들과 함께 만든 우리 학교 다모임의 사례를 실었습니다. 현장에서 업무를 추진하면서 느낀 점들을 가감 없이 솔직하게 나타내려고 노력했습니다.

다모임에 정답은 없습니다. 각 학교의 현실에 맞고, 교육공동체가 추구하는 가치를 반영하면 됩니다. 하지만 그 때문에 각 학교에서 어떻게 다모임을 꾸려 나갈지 고민하는 것도 사실입니다. 다모임의 결말은 항상 열려 있으니까요. 다소 어렵게 느껴져도 어쩌면 그게 다모임을 더욱 가치 있게 만드는 것인지도 모르겠습니다.

정답이 없다고 믿었기에 이 책은 나올 수 있었습니다. 다모임을 통한 3년의 변화와 성장을 기록해야 한다는 의무감이 들었습니다. 소규모 학교에서 다양한 형태로 다모임이 운영되고 있음에도 기록이 많지 않아 참고하기 어려웠던 기억도 펜을 들게 만들었습니다.

소박한 기록이지만, 이를 토대로 더 많은 학교에서 자치활동의 꽃을 피우길 기대합니다. 다모임을 이제 막 맡으신 선생님과 다모임을 어떻게 운영할지 고민하는 선생님들께 이 책이 참고할 수 있는 발자취가 되면 좋겠습니다.

2020년 2월

흰 눈을 기다리며

Contents

Prologue _4

CHAPTER 01 다모임의 서막

다모임을 운영하라고요? _13

전교 어린이 회의의 단상 _16

낯섦과 마주하다 _19

다모임은 현재 진행 중 _23

울림 하나 처음 다모임을 시작하는 선생님께 _26

CHAPTER 02 다모임은 힘이 세다

전교 어린이 회의 vs 다모임 _31
: 행동주의와 구성주의의 맥락에서

문서로 보는 자치활동의 흐름 1 _37
: 자치활동 계획서 읽기

문서로 보는 자치활동의 흐름 2 _41
: 자치활동 회의록 읽기

초등 자치활동의 현주소 _47
: 자치활동이란 무엇인가

다모임은 멀티 플레이어 _53

울림 둘 계획에 쉼표를 찍어 두세요 _57

CHAPTER 03 문제는 시스템이다

다 모이면 반은 성공 _63
: 누구나 참여해요

비전 공유가 먼저다 _66
: 교사와 학생의 이중주

시스템이 중요한 이유 _70

정답은 없다 _75

성장을 부르는 전체 공개의 원칙 _80

학생이 우선이다 _83

머리는 모을수록 낫다 _90

울림 셋 다모임은 만병통치약이 아닙니다 _94

CHAPTER 04 다모임에 날개를 달다

사전모임이 다모임을 살린다 _99

이 학교의 건의사항 대처법 _104

모두가 함께하는 생일 축하 _112

토의에도 왕도는 있다 _116

공유가 생명이다 _121

우리 학교 다모임 달력 _127

다모임 시작하기 1 _132
: 시간, 참여 대상, 형태, 장소 정하기

다모임 시작하기 2 _138
: 활동 및 역할 정하기, 예산 및 계획 세우기

울림 넷 울림 넷. 아이 눈으로 다모임 보기 _145

CHAPTER 05 우리가 내디딘 발걸음

학생 협의 활동 1 : 학생 생활 관련 주제

우리 학교 인사말을 정해보아요 _151

모둠 이름 정하기 _154

다모임 규칙 정하기 _156

우리의 언어습관을 되돌아봐요 _158

사이좋은 선후배 관계 만들기 _160

어울림터 사용의 문제점 _162

한 학기를 마무리하며 _164

학생 협의 활동 2 : 학교 행사 관련 주제

우리가 만드는 체육대회 _166

선생님께 감사한 점 찾기 _169

우리가 원하는 독서행사 _171

내가 꿈꾸는 방과후 학교 _173

우리 학교 행사 TOP3 _175

계기 활동 : 기념일 관련 협의

감사의 달, 어떻게 기념할까? _177

호국보훈의 달을 맞이하여 _179

즐겁고 건강하게 추석을 보내는 방법 _183
한글날 기념 활동 _185

친교 활동 : 학생들의 마음을 여는 활동
공동체 놀이 _188
칭찬 샤워 _191
일 년을 마무리하며 _193

학생주도 활동 : 학생이 만드는 행사
몸으로 말해요 _195
스승의 날 기념행사 _198
영화 동아리 시사회 _200
할로윈 축제 _202
산타 문화행사 _205
특별한 12월을 위한 행사 _209

기타 활동 : 다모임에 활력을 주는 활동
우리 학교의 보물 3가지 찾기 _214
학교의 꽃과 식물 조사하기 _217
청소년 리더십 연수 _219
자전거 타는 학교 _221
울림 다섯 누구나 좋아할 순 없어요 _224

CHAPTER 06 작은 학교의 선거

선거의 3가지 원칙 _229
: 보다 빠르고 수월하게 선거하기

작은 학교의 선거 방법 _235

울림 여섯 선생님 학교만의 스토리를 만드세요 _244

Epilogue _246

CHAPTER 01

다모임의 서막

다모임이 무엇인지조차 모르던 때가 있었습니다.
다모임을 시작한다는 건 변화를 의미했고, 낯섦과 두려움이 공존했습니다.
눈앞을 부옇게 가린 두려움의 장막을 걷어내고 한 걸음 나아가니,
비로소 문제점과 나아갈 방향이 보였습니다.

다모임을 운영하라고요?

2016년 겨울, 육아휴직을 마치고 복직을 앞둔 때의 일입니다. 저는 작은 학교의 교장실에 앉아 업무 분장표를 바라보고 있었습니다. 작은 교장실 안에는 저와 복직하는 선생님, 교장 선생님이 함께 계셨습니다. 옆에 앉은 선생님도 저도, 원적교에 복직하지 못하고 새로운 학교로 오게 되었습니다. 원적교에 자리가 나지 않았기 때문이었습니다.

선택지는 두 개였습니다. 1학년에 도서와 학습준비물 담당, 4학년에 생활과 환경 업무 담당이었습니다. 이 짧은 문구에는 많은 것을 담고 있었습니다. 6학급 규모의 학교는 개인이 담당해야 할 업무의 범위가 넓습니다. 도서 업무는 책과 관련된 모든 것들 - 도서관 관리, 대출, 구입, 학교도서관 회의, 독서 행사, 교과서 구입 등을 총괄한다는 의미입니다. 생활 업무의 경우 학교폭력, 안전, 생활지도, 인성, 자치활동 외에도 아동학대 및 자살예방교육 등을 맡게 된다는 뜻입니다. 어느 것도 쉽지 않게 느껴졌습니다. 양보의 미덕을 발휘하여 옆 선생님께 선택의 배턴을 넘겼고, 저는 6학급의 생활 업무 담당자가 되었습니다.

그 무렵 학교 현장에서 생활 업무 담당자가 해야 할 일이 부쩍 늘어나 있었습니다. 학교폭력이 사회 문제로 불거지자 학교폭력 예방과 인성교육을 강조했습니다. 자살 예방과 안전 또한 민감한 문제였습니다. 학생의 인권이 대두되면서 자치활동의 변화가 두드러지는 시기이기도 했습니다.

문제는 모든 것이 산발적으로 이루어진다는 것이었습니다. 학교폭력 예방 계획을 세워 결재를 맡고 나면, 자살 예방 계획을 수립해 교직원에게 전달하라고 했고, 인성교육 계획을 학교운영위원회의 심의를 받으라는 공문이 왔습니다. 자치위원회를 구성해 놓으면 규정에 맞는지 나중에 확인해야 했고, 경찰서에서는 신학기 교통안전교육을 신청하라는 공문이 왔습니다. 학생 인권이 대두되면서 도교육청에서는 매 학기 2시간 이상씩 학생 인권교육을 실시해야 한다고 했고, 아동학대 및 가정폭력 예방 계획도 만들어야 했습니다.

힘겨웠습니다. 학교에 오면 또 어떤 생활 관련 공문이 와 있을까, 혹여나 놓치는 일은 없을까 조마조마하며 한 달을 보냈습니다. 가뜩이나 교사에게는 3월이 무척 바쁜데, 생활계에서 처리해야 할 일은 쏟아졌습니다. 비록 1년의 휴직이지만 새 학교에 적응하는 것도 쉽지 않았습니다. 어린아이를 떼어 놓고 부랴부랴 학교에 와서, 수업하는 틈틈이 모니터를 바라보다 보면 하루가 금세 지났습니다.

그러던 와중에 교무 선생님께서 저를 찾아오셨습니다. 인자하고 사려 깊은 선생님은 힘들지 않느냐며 이것저것 물어보시고는 다모임에 대해 이야기를 꺼내셨습니다.

"선생님, 다모임이라고 들어 봤어요?"

다모임이라니, 생소한 단어였습니다. 교무 선생님께서는 최근 자치활동의 변화에 대해서 간략하게 말씀해 주셨습니다. 요새는 고학년 위주의 전교 어린이 회의에서 전교생이 함께 참여하는 다모임으로 운영해 나가는 추세라며, 저에게 어떻게 생각하느냐고 물어보셨습니다.

이야기를 듣자마자 숨이 막혔습니다. 1학년부터 6학년까지 모두 데리고 한 달에 한 번씩 자치활동을 해야 한다는 게 버겁게 여겨졌습니다. 고학년만 데리고 전교 어린이 회의를 하는 것도 쉽지 않은데, 굳이 다모임까지 해야 할 필요성을 못 느꼈기 때문입니다.

"글쎄요. 잘 모르겠네요."

저도 모르게 퉁명스러운 말이 튀어나왔습니다. 난감한 표정으로 말입니다. 짧은 말 뒤에는 '여기서 더 이상 어떻게 업무를 하느냐'는 무언의 반항심도 서렸습니다. 그게 교무 선생님이 아니라, 교사에게 업무를 강요하는 현실에 대한 것이었더라도 말입니다. 교무 선생님께서는 예상했다는 듯이 애써 웃어넘기셨습니다.

"그래요, 선생님. 이제껏 전교 어린이 회의를 운영하다가 갑자기 다모임을 운영하는 게 쉬운 건 아니에요. 꼭 해야 한다는 규정이 있는 것도 아니고요. 선생님도 이제 복직했는데, 일이 많아서 힘드시잖아요. 천천히 준비해서 내년쯤엔 다모임을 운영하는 것도 나쁘지 않겠네요."

걸어가는 교무 선생님의 뒷모습을 보며 가슴을 쓸어내렸습니다. 다모임을 하면 무척이나 힘들 것이다, 내년의 일은 내가 신경 쓸 바가 아니라는 생각도 들었습니다. 주어진 것만 하는데도 벅찬데, 새로운 일을 벌이고 싶지 않았습니다. 만물이 소생한다는 3월이지만, 몸도 마음도 여전히 겨울이었습니다.

전교 어린이 회의의 단상

당시 저는 10년 차 교사였지만, 생활 업무는 처음 맡아보았습니다. 전교 어린이 회의를 어떻게 운영해야 하는지 알지 못했습니다. 교무 선생님께 회의에 대해 여쭤보니 회의의 절차와 시나리오를 뽑아 주셨습니다. 그런데 이상한 일이었습니다. 회의 절차와 시나리오가 너무도 익숙했습니다.

초등학교 때 학급 임원의 자격으로 전교 어린이 회의에 참석해 본 경험이 있습니다. 과거의 일들을 떠올려보았습니다. 개회사, 국민의례로 시작해서 각 계의 생활 반성, 앞으로의 계획, 건의사항, 선행 어린이로 이어지는 절차가 지금이나 20년 전이나 똑같았습니다. 마무리는 선생님 말씀으로 끝나는 것까지 말입니다. 제가 기억하는 한 최소 20년이 넘은 이 절차가 현존한다는 사실이 놀라웠습니다.

물론 전교 어린이 회의 자체가 문제라고 생각지는 않습니다. 초등교육에서 학생의 의견을 반영하기 위한 가장 효율적인 도구로 장기간 쓰였을 뿐입니다. 그렇지만 강산이 2번도 넘게 변했을 그 시간 동안 아무런 변화가 없었다는 사실이 아이러니했습니다.

어쨌거나 담당자로서 전교 어린이 회의를 성실하게 운영해야 했습니다. 4학년부터 6학년까지 열대여섯 명의 학생들은 매달 한 번씩 제가 담당하고 있는 학급으로 모였습니다. 전교 어린이 회의의 절차는 대개 이랬습니다.

전교 어린이 회장과 부회장은 앞에 나와 시나리오를 순서대로 읽습니다. 회장이 이번 주 생활목표를 발표하고, 학생들은 이를 어떻게 실천하면 좋을지 손을 들고 이야기합니다. 부서는 생활부, 체육부, 도서부, 환경부 등으로 나뉘는데, 각 부서별로 생활목표가 따로 있습니다. 부서장은 앞에 나와 지난달 생활목표가 어느 정도 지켜졌는지 반성하고, 이번 달 생활목표를 이야기합니다.

이어서 학교생활을 하면서 개선되어야 할 사항을 건의합니다. 건의사항이 끝난 뒤에는 간단한 이유를 곁들여 선행 어린이를 추천합니다. 회의가 진행되는 동안 칠판 서기는 앞에 나와 주요 내용을 판서합니다. 회의록을 담당하는 서기는 정해진 양식에 회의 내용을 기록합니다. 자치활동 담당 선생님은 몇 가지 당부 사항을 학생들에게 이야기하고, 모두 함께 교가를 부르면서 회의를 마칩니다.

1년 여간 전교 어린이 회의를 운영하다 보니 묘한 답답함이 생겼습니다. 마치 사방이 벽으로 둘러싸인 밀실에서 학생의 권리를 논하는 느낌이었습니다. 그 이유가 무엇인지 곰곰이 생각해 보았습니다.

우선, 학교 구성원들이 자치활동에 관심이 없었다는 것이 가장 큰 문제였습니다. 학생들은 전교 어린이 회의 시간을 그저 수업의 일환으로 인식하는 것 같았습니다. 매번 똑같이 진행되는 회의에 형식적으로 임했습니다. 각 부서의 장은 지난달의 생활목표가 무엇인지도 잊어버린 채 회의에 참여했습니다. 이번 달 생활목표를 부서별로 정할 때도 대개는 일상적인 것들이 제시되었습니다. 협의가 잘 안 되어, 부서장이 일방적으로 생활목표를 선정하는 경우도 있었습니다.

건의사항을 이야기할 때는 교실에 침묵이 감돌았습니다. 어쩌다 한 번씩 건의사항이 나왔고, 아예 건의할 내용이 없는 달도 있었습니다. 그것은 학교생활에 불만이 없다는 뜻만은 아니었습니다. 일상생활에서 문제의식을 가지고 생활해 본 경험이 별로 없기 때문이었습니다. 건의사항을 낸다고 해서 학교생활에 큰 변화가 나타나지 않아서 그렇기도 합니다. 학생들은 어쩌면 크게 변화하지 않는 현실에 건의할 필요성을 느끼지 못했을 것입니다.

때로는 20분 정도면 모든 회의가 끝났습니다. 별다른 의견이 나오지 않고, 건의사항이 없으면 그랬습니다. 장난으로 발표하거나 뒤에서 수군거리는 학생도 있었습니다. 어쩌면 당연한 일이었습니다. 모임의 의미를, 함께 만들어가는 가치를 학생들은 이해하지 못했습니다. 담당자인 저도 이런 식의 전교 어린이 회의가 의미 있다고 생각하지 않았습니다. 자치활동이 왜 중요한지, 어떻게 하면 학생들의 삶과 긴밀하게 연계할 수 있을지 깊이 고민하지 않았습니다.

선생님들의 상황도 비슷했습니다. 자치활동은 선생님들이 처리하는 수많은 업무 중 하나입니다. 학급 운영에 생활지도, 많은 업무까지 떠안은 6학급의 선생님들에게 자치활동에 신경 쓰는 건 무리라는 판단이 들었습니다. 매달 교장, 교감 선생님께 회의록의 결재를 받고 나면, 이제 한고비 넘겼다는 안도감과 앞으로 회의가 몇 번이나 남았나 셈해 보는 게 일상이었습니다.

물론 전교 어린이 회의를 내실 있게 운영하는 학교도 있을 것입니다. 지도 교사의 역량에 따라, 또는 학교의 상황에 따라 똑같은 방식으로 진행되는 회의도 결과가 다르게 나타날 수 있습니다. 그렇지만 닫힌 교실에서 똑같은 방식으로 진행되는 회의는 학생들의 생활과 유리되어 있음이 분명했습니다. 1년 동안 교육과정에 배정된 자치활동 시간을 채우기 위한, 회의를 위한 회의를 했습니다.

언뜻 무언가 잘못되었다는 생각이 스쳤습니다. 하지만 무엇이 문제인지, 어디서부터 바꾸어 나가야 하는지 알지 못했습니다.

낯섦과 마주하다

교무 선생님과 약속한 일 년이 지났습니다. 저는 다음 해, 또다시 생활 업무를 맡게 되었습니다. 이제는 다모임을 시작해야 한다는 조바심이 일었습니다. 가지 않은 길이기에 두려움이 앞섰습니다. 하지만 일 년간 전교 어린이 회의를 진행하면서 아쉬운 부분이 많았기에 '그래, 한번 시작해 보자'라는 결심이 섰습니다.

문제는 정보였습니다. 우리 학교에서 다모임을 직접 운영해 본 경험이 있거나, 운영하는 모습을 본 선생님이 없었습니다. 인터넷을 검색해 보아도 별다른 내용이 나오지 않았습니다. 그때, 교감 선생님께서 말씀하셨습니다. 교감 선생님께서 이전에 근무한 혁신 학교에서는 다모임을 운영했다고 하셨습니다.

"전 교직원과 전교생이 함께 모여서 생일 축하도 하고, 간식도 먹어요. 학교생활과 관련한 내용도 협의를 하고요. 우리 학교도 다모임을 하면 참 좋겠어요."

교감 선생님의 말씀에서 핵심적인 단어들이 머릿속을 맴돌았습니다.

생일 축하. 전교생. 전 직원. 간식. 협의.

하지만 도무지 감이 오지 않았습니다. 전 직원과 전교생이 모인다니 어렵고 복잡하게만 느껴졌습니다. 무작정 다른 학교의 다모임을 찾아가서 볼 수도 없는 노릇이었습니다. 몇 개의 키워드를 가지고 퍼즐을 맞추듯 다모임을 하는 수밖에 없었습니다. 저도, 선생님들도 경험이 없는 건 매한가지였습니다. 이럴 땐 담당자가 총대를 메고 먼저 고민하는 수밖에 없습니다. 다모임의 계획을 간단하게 세워 선생님들과 이야기를 나누어 보았습니다.

계획서를 본 선생님들은 대부분 다모임을 긍정적으로 생각하셨습니다. 다모임 운영은 매달 1시간씩 자치활동 시간을 활용하자고 결정했습니다. 한 시간의 흐름은 개회, 협의 활동, 생일 축하, 간식 나눔 순으로 하기로 했습니다. 1학년부터 6학년까지 30여 명 남짓한 전교생을 모두 4개의 모둠으로 나누었습니다. 남녀의 비율, 모둠의 조화 등을 고려하여 신중하게 구성하였습니다. 교감 선생님의 조언에 따라 학생들이 앉을 도톰한 매트도 구입을 했습니다.

전체적인 것은 대략 정해졌습니다. 이제 담당자로서 세부적인 사항을 어떻게 구현할지가 관건이었습니다. 전교생과 전 교직원이 함께 모이고, 강당을 활용하다 보니 파워포인트(PPT)를 사용하는 게 좋을 것 같았습니다. 귀로 듣기만 하는 것보다 시각적 효과가 더해질 때 학생들이 쉽게 이해할 수 있을 거라 여겼습니다.

생일 축하는 어떤 방식으로 할지 생각해 보았습니다. 매월 생일 대상자가 앞에 나오면 생일 축하 노래를 함께 부르고, 롤링페이퍼를 주면 딱이겠다 싶었습니다. 전교생과 선생님들이 쓴 축하 메시지를 그 어떤 선물과 비교할 수 있을까요? 다모임을 구상하면서 이전 자치활동에서는 느끼지 못한 행복감이 들었습니다. 밋밋하기만 했던 자치활동에 생명을 불어넣는 느낌이었습니다.

우리 학교에서 처음으로 다모임을 하는 역사적인 날이 다가왔습니다. 방송 담당 선생님께 방송 준비를 부탁드리고, 다모임에 필요한 모든 물건을 챙겨서 어울림터(황강초등학교 강당)로 향했습니다. 학생들이 모둠별로 앉을 매트도 미리 깔아 놓았습니다. 학생들이 기대에 찬 표정으로 어울림터에 들어왔습니다. '다모임이 뭐예요?'라고 묻는 학생들도 심심찮게 있었습니다. 선생님들도 하나, 둘, 어울림터로 모이셨습니다.

25명의 학생들을 모두 어울림터의 뒤편으로 가게 한 후, 선생님들과 협의한 모둠 구성원을 발표했습니다. 혹시라도 모둠 구성에 실망하는 학생이 있을까 걱정이 되었습니다. 그래서 본인의 이름을 부르면 '앗싸'를 큰소리로 외치도록 했습니다. 학생들의 얼굴에 모둠 구성에 대한 불만의 표정보다는 미소가 번지길 바랐기 때문입니다. 모둠 발표가 끝난 다음에는 모둠장, 모둠 이름, 모둠 구호를 정했습니다. 모둠장이 앞에 나와 각 모둠의 이름과 그 이름을 선택한 까닭을 이야기했습니다. 느티나무, 은하수, 햄스터, 시앨드 등 다양한 이름이 모둠의 이름으로 정해졌습니다.

우리 학교의 인사말의 안건으로는 '좋은 하루 되세요', '건강하세요', '감사합니다'가 나왔습니다. 각 모둠에서 제안한 안건과 그 까닭을 들은 뒤에, 다수결로 우리 학교의 인사말을 정했습니다. 결국 많은 학생이 선택한 '건강하세요'로 인사말이 결정되었습니다.

건의사항으로는 '운동장에 시계를 달아주세요', '3~4학년 학생들도 목공 수업에 참여하게 해 주세요' 등이 제시되었습니다. 운동장에 시계가 없어서 수업 시간에 자꾸 늦어서 불편한 학생이 많았던 모양입니다. 학생들의 건의사항은 학교의 여건을 고려하여 수용 여부를 결정하였습니다. 운동장에는 전자시계를 달아 학생들이 수업에 늦지 않도록 배려하였습니다. 3~4학년의 목공 수업은 현실적인 문제가 있어서 반영하기 어려웠습니다.

이제 생일 축하를 할 차례입니다. 1학년 학생 2명과 6학년 선생님께서 고깔모자를 쓰고 앞으로 나왔습니다. 모두 박수를 치며 함께 생일 축하 노래를 불렀습니다. 교장 선생님께서는 전교생과 선생님들께서 함께 쓴 롤링페이퍼를 생일을 맞은 분들께 전달해 주셨습니다. 많은 사람의 축하를 한 몸에 받아서인지 앞에 나온 학생들과 선생님의 얼굴에 부끄러움이 피어올랐습니다. 하지만 축하를 해 주는 학생들도, 축하를 받는 분들도 모두 행복한 표정이었습니다. 이어서 교장 선생님의 말씀을 듣고, 모둠별로 간식을 먹는 시간을 가졌습니다.

첫 다모임이 무사히 끝났습니다. 처음 겪어본 방식의 자치활동이기에 부담이 되었나 봅니다. 다모임이 끝나자, 그제야 온몸의 긴장이 풀렸습니다. 다모임에 함께 참여한 선생님들께서는 격려와 칭찬을 해주셨습니다. 일각에서는 담당자가 너무 할 일이 많겠다면서 걱정도 하셨습니다. 첫술에 배부를 수는 없습니다. 이제 우리 학교 다모임은 시작이니, 앞으로 가야 할 길이 멀다고 느꼈습니다. 하지만 한편으로는 오늘의 작은 성공에 만족하고 싶었습니다.

그 날의 기억을 떠올려보면 먼 과거처럼 아득합니다. 하지만 작은 어울림터를 메웠던 따뜻한 느낌만은 생생합니다. 학생들은 서로의 의견을 경청하고, 모둠별로 토의를 하고, 학교생활을 하며 불편한 점을 건의했습니다. 교육공동체가 모여서 생일을 함께 기뻐해 주고, 다과를 먹으면서 이야기꽃을 피웠습니다. 똑같은 1차시의 자치활동이지만 작년의 차가운 공기와는 사뭇 달랐습니다.

무엇이 맞고 틀린 건지 알 수 없습니다. 그러나 기존의 획일적인 형태의 자치활동에서 변화할 필요가 있었음은 분명합니다. 새로운 길을 걷는 게 두렵지만 낯섦과 마주했고, 과거와는 다른 길목에 접어든 것만은 확실했습니다. 이제 용기를 내어 한 걸음씩 내딛는 일만 남았다고 스스로 다독였습니다.

다모임은 현재 진행 중

우리 학교는 2017년부터 3년간 다모임을 운영해왔습니다. 이후 저는 생활 업무를 계속 맡았기에, 자치활동은 자연스레 제 몫이 되었습니다.

3년 동안 방학을 제외하고 매달 한 번씩 학생들과 다모임을 했습니다. 횟수로는 총 27번, 33차시의 다모임 활동을 했습니다. 하지만 이는 공식적으로 학교 교육과정에 배정된 자치활동을 활용한 시간입니다.

다모임을 운영하다 보면 늘 시간이 모자랐습니다. 선생님들과 협의 끝에 20분의 중간놀이 시간에 사전모임을 하기로 했습니다. 다모임을 하기 전에 미리 해당 주제와 관련된 사안을 미리 협의하기 위해서입니다. 또 수업이 모두 끝난 뒤, 방과후 프로그램이 없는 시간에 5~6학년 학생들과 별도의 협의를 하기도 했습니다. 고학년 학생들이 다모임을 주체적으로 이끌어 나가기 위해서는 공식적인 시간 외에도 추가로 이야기할 시간이 필요했습니다.

발표 자료 준비나 모둠 미션을 해결하기 위해 점심이나 쉬는 시간 등의 틈새 시간을 쪼개어 써야 했습니다. 학생들이 애타게 기다리는 쉬는 시간을 자주 빼앗아 버리면 아무래도 다모임을 부정적으로 인식하지는 않을까 염려가 되었습니다.

그래서 학생들이 너무 힘들지 않으면서도 주도적일 수 있도록 활동의 양도 적절히 안배했습니다. 다모임이 모두 함께, 행복을 꿈꾸는 장이 되기를 바랐기 때문입니다.

다모임을 하면서 교육공동체의 의견을 반영하려고 애썼습니다. 제가 다모임의 업무를 담당했지만, 다모임의 주인은 학생과 전 교직원입니다. 1학기에 한 번씩은 다모임의 전체적인 활동 방향을 안내하고, 작은 소리라도 귀담아들었습니다. 학생들의 소중한 의견이 사장되지 않도록 교장, 교감 선생님과 학생 대표들이 만나는 기회를 자주 마련했습니다.

우리 학교의 다모임은 땀과 노력이 빚어낸 산물입니다. 학생들과 한 땀 한 땀 정성껏 꿰어나간 시간의 흔적입니다. 새로운 자치활동의 형태이므로, 우리 학교에 맞는 운영방안을 찾느라 담당자도 구슬땀을 흘려야만 했습니다. 하지만 3년이라는 시간 동안 학생들은 학교의 구성원으로서 점점 주체적으로 임하였고, 저는 한 사람의 교사로서 많은 성장을 했습니다. 다모임이 아니었더라면 이렇게 많은 고민과 시도를 해 볼 일이 없었겠지요. 기존처럼 20년 전의 회의를 답습하고 있었을지도 모릅니다.

그렇다면 지금, 우리 학교의 다모임은 완벽할까요? 분명하게 아니라고 말할 수 있습니다. 현재도 숱한 고민을 하며 다모임을 운영합니다. 3년간 운영해 와서 어느 정도 다모임이 정착되기는 했습니다만, 교육에는 늘 변수가 있습니다. 매년 바뀌는 학생들, 학교 구성원의 변화도 빼놓을 수 없습니다. 개인의 생각과 가치관에도 차이가 있고, 동일한 활동을 바라보는 시각이 매년 달라지기도 합니다. 당해 긍정적인 평가를 받았던 활동이 다음 해에는 부정적으로 평가받을 수도 있는 것이지요.

그렇기에 우리 학교의 다모임은 현재 진행 중입니다. 3년간 축적된 데이터로 쉽게 앞으로 다모임의 방향을 단정 짓지 않습니다. 매 학기의 시작과 끝에 의견을 모으고, 다음 해에 새롭게 변화시킬 부분을 찾아봅니다. 그야말로 열려 있는 결말입니다.

그렇기에 이후에는 어떤 가치를 중점에 두고 어떤 방향으로 우리 학교의 다모임이 운영이 될지 알 수 없습니다. 다만, 앞으로도 학교의 현실과 시대의 흐름, 교육공동체의 가치를 반영하여 다모임 활동이 이루어진다면 더할 나위가 없겠습니다.

울림 하나

처음 다모임을 시작하는 선생님께

다모임 = 자율성 + 창의성 + 상상력 한 스푼

선생님, 다모임을 맡게 되신 걸 축하드립니다. 선생님은 일 년간 아주 특별한 경험을 하게 되실 거예요. 다모임은 그간 맡았던 획일적인 업무와는 다른 성격을 지녔기 때문입니다.

다모임은 살아 있는 교육 활동입니다. 담당교사의 자율성과 창의성을 힘껏 불어 넣어야 하는 업무이지요. 공문을 작성하고, 한 올 흐트러짐 없이 절차에 맞게 추진해야 하는 여타 업무와는 다릅니다. 학생들의 목소리와 교육공동체의 가치를 담아 학교만의 길을 만들어가는 것이라고도 볼 수 있습니다.

어쩌면 그 일이 더 어렵게 느껴지실지도 모르겠습니다. 우리 세대가 받았던 기존의 교육은 유연한 사고와는 거리가 멀지요. 정답은 정해져 있고 오지선다형 또는 짤막한 단어나 문장으로 기술할 것인지 정도만 선택할 수 있었으니까요.

다모임은 조건이 주어지지 않은 백지 시험지와 같습니다. 일 년 동안 몇 시간을 할지, 학년과 모둠의 구성은 어떻게 할지, 어떤 활동을 할지 하나부터 열까지 밑그림을 그려나가야 합니다. 그래서 처음 맛보는 자유의 바다에 난감하실 수도 있습니다. 다년간 다모임을 운영한 학교에 근무하거나, 다모임을 맡아 보셨던 선생님이 아니라면 어떤 길로 가야 할지 전혀 감이 오지 않을 수도 있습니다.

하지만 그럴수록 용기를 내십시오. 선생님께서 내딛는 걸음이 학교 다모임의 역사가 됩니다. 무엇이 맞고 틀린지보다는 어떤 방향으로 걸어갈지 고민하십시오. 흰 눈에 찍힌 발자국을 보고 길을 찾듯, 선생님께서 내딛는 걸음이 누군가에게는 다모임에 대한 궁금증을 해갈할 기회가 됩니다. 다모임에 대한 고민이 많을수록, 단위 학교에서 점점 더 진정성 있는 자치활동이 이루어질 수 있습니다.

다모임은 분명 쉽지 않습니다. 절차나 방법이 학교별로 제각각이기 때문입니다. 백 개의 학교에 각각 다른 형태의 다모임이 존재합니다. 사실 다모임을 어떤 방법으로 운영해도 틀렸다고 보기는 어렵습니다. 학교에서 이루어지는 교육은 대부분 충분한 교육적 가치를 가지고 있기 때문입니다. 반대로 말하면 그 어떤 방법도 정답이라고 볼 수 없어서 쉽지 않습니다. 결국은 끊임없이 고민하고 학교 구성원들의 의견과 교육적 요구를 반영하는 수밖에 없지요.

민주시민역량이 강조되면서 단위 학교에서 자치활동의 중요성이 부각되고 있습니다. 이런 분위기가 담당자는 다소 부담스럽기도 합니다. 전 학년 또는 전교생 단위로 다모임이 이루어지다 보니, 다모임이 민주시민으로서 필요한 자율과 책임, 의사소통능력 등을 모두 해결할 수 있는 만병통치약으로 여겨질 때도 있기 때문입니다.

하나, 다모임은 정답을 찾는 과정이 아닙니다. 교육공동체가 더불어 나아가는 과정입니다. 서로를 돕고 격려하며, 함께 활동하는 그 모든 순간에 의미가 있습니다. 담당자가 할 일은 딱 하나입니다. 학교 안에서 더 많은 소통과 교육적 변화가 일어날 수 있도록 돕는 것입니다. 다모임은 학생들이 모임의 가치를 느끼고, 소통으로 인한 변화를 체감하며, 학교의 일원으로 존재할 수 있게 하는 과정이기 때문입니다.

선생님은 자율성과 창의성이 보장되는 업무를 맡으셨습니다. 조금만 용기를 내서 상상력을 한 스푼 넣으면, 선생님이 머무는 학교만의 특색 있는 다모임 문화를 만드실 수 있을 겁니다. 선생님께서 걸어가시는 새하얀 그 길을 힘껏 응원하겠습니다.

CHAPTER 02

다모임은 힘이 세다

다모임은 힘이 셉니다.
전교 어린이 회의가 일률적인 형태의 토의로 진행되었다면
다모임은 협의, 친교 활동, 학생 주도 행사, 교육과정 연계 등의
여러 방향으로 활동할 수 있기 때문입니다.
다모임의 힘은 이러한 다양성과 변화 가능성에 있습니다.
그래서 다모임은 자치활동에서 학교 구성원들의 가치를 오롯이 담을 수 있는,
유동성이 큰 그릇이라고 볼 수 있습니다.

전교 어린이 회의 vs 다모임

: 행동주의와 구성주의의 맥락에서

교육대학교에 재학하던 시절, 참 많은 교육이론을 배웠습니다. 특히 교육학에 등장하는 생소한 학자들의 이름과 용어들이 어려웠습니다. 사실 지금은 기억조차 잘 나지 않지요. 막상 교사로 근무를 하다 보니 현실의 일들을 처리하는 데 급해 두꺼운 교육학 책을 뒤적일 겨를이 없었던 탓도 있습니다.

하지만 왜일까요? 행동주의와 구성주의의 명칭만은 생생합니다. 장기기억에 여전히 머물러 있는 걸 보면, 예비교사일 때부터 현재까지 수없이 들었음이 분명합니다. 교육학에서 절대 빼놓을 수 없는 두 이론은 현재까지도 교육 곳곳에 두루 반영되어 있습니다. 두 이론의 맥락을 살짝 짚고 넘어가겠습니다.

먼저 행동주의 이론은 사람이나 동물의 객관적인 행동에 초점을 맞춥니다. 내면의 변화보다는 조건과 반응으로 행동을 설명합니다. 즉, 동일한 환경이나 조건이 주어지면 같은 결과를 얻어낼 수 있다고 보는 입장입니다. 교육 현장에는 스티커 보상제나 타임아웃 등으로 적용되었습니다. 과학적이고 합리적이며 행동을 수정하기는 쉽지만, 인간의 가능성이나 다양성의 측면을 고려하기 어렵다는 단점이 있습니다.

구성주의 이론은 인지의 구조적인 과정에 관심을 보입니다. 인간은 외부의 지식을 단순히 받아들이는 게 아니라, 자신의 경험이나 기존의 지식을 바탕으로 재구성한다고 여깁니다. 구성주의에서는 학생의 경험이나 사고가 중요합니다. 절대적인 지식보다는 개인이 어떻게 그 지식을 해석해 나가느냐가 관건입니다.

운영 방식의 차이

다모임에 대해 고민하는 시간이 많아지면서, 자연스럽게 과거와 현재의 자치활동을 비교하게 되었습니다. 이전에는 전교 어린이 회의가 자치활동의 대표적인 형태였습니다. 전교 어린이 회의의 절차는 대부분 정해져 있습니다.

일반적인 절차는 국민의례, 이번 달 생활 반성, 다음 주 생활목표 및 이에 따른 실천 사항, 각 부서별 반성 및 앞으로의 계획, 건의사항, 기타 토의사항, 선행아 추천, 선생님 말씀 순입니다. 전교 어린이회장과 부회장, 칠판 서기와 회의록을 담당하는 서기, 각 부서장 등으로 역할을 나눕니다. 부서는 대개 학습부, 도서부, 체육부, 생활부, 도서부로 구성되며 일반적인 학교생활과 관련된 생활목표를 다룹니다.

하지만 제 경험상, 회의 결과가 학생들의 삶과 유기적으로 관련되는 경우는 드물었습니다. 학생의 회의 결과가 현실화되려면 우선 학생들의 실질적인 생활과 관련된 주제로 협의를 해야 하고, 학교를 운영하는 관리자가 학생들의 목소리를 직·간접적으로 들을 수 있는 통로가 있어야 합니다. 이 통로의 절차나 방법은 명확할수록 좋습니다. 하지만 전교 어린이 회의에서 회의의 결과를 공유하거나 실현하려는 노력은 적은 편입니다. 회의 자체가 교육 활동이므로 회의를 하는 것 자체에 방점을 찍기 때문입니다.

다모임은 전교 어린이 회의의 방식을 탈피하고자 도입된 자치활동의 방식입니다. 보다 실질적인 형태의 자치활동을 운영하려는 변화의 움직임입니다. 다모임은 소규모 학교에서 두드러지게 나타납니다. 학생 수가 적으면 몇몇 학생 대표의 의견을 듣는 것보다 전교생의 의견을 모으는 게 합리적입니다. 또 학생 개개인이 공동체의 일원으로 소속감을 느낄 수 있다는 장점이 있습니다.

작은 학교는 대개 1~6학년 전교생이 다모임에 함께 참여합니다. 큰 학교의 경우에는 학년별로 다모임을 하거나, 학년별로 운영하기도 합니다. 너무 많은 수의 학생이 참여할 경우 오히려 활동에 제약이 따릅니다.

다모임의 운영 방식은 학교마다 다릅니다. 학생의 삶과 밀접한 협의 활동 위주로 다모임을 꾸리는 학교도 있습니다. 학생들이 주도하는 행사를 진행하거나, 교육과정을 재구성하여 체험 활동을 합니다. 공동체 놀이를 하고, 간식을 함께 먹으며 즐거운 시간을 보내기도 합니다. 이외에도 담당자가 주도적으로 다모임을 이끌어 나갈 것인가, 교직원이 참여하는 형태를 만들 것인가 등 운영 전반에 관한 사항 또한 전적으로 학교의 몫입니다. 그야말로 학교마다 자치활동을 다양한 방법으로 재구성해 나가고 있는 현실입니다.

행동주의와 구성주의의 관점에서

저는 두 자치활동의 기반이 행동주의와 구성주의에 있다고 봅니다. 구체적으로 말하자면 전교 어린이 회의는 행동주의에, 다모임은 구성주의에 뿌리를 두고 있다고 생각합니다.

행동주의와 구성주의의 교육방식은 확연히 다릅니다. 행동주의에는 정답이 있습니다. 교사는 지식을 전달하고, 학생은 지식을 수용하는 수동적인 자세를 취합니다. 구성주의가 학생은 지식의 의미를 능동적으로 구성한다고 한 것과 대조적입니다. 구성주의에서 교사는 학생의 잠재력을 믿고 학습을 촉진하는 역할을 합니다.

전교 어린이 회의는 대부분의 절차나 협의 내용이 정해져 있습니다. 월이나 주별로 연간 생활목표가 미리 계획됩니다. 학생 임원은 전교 어린이 회의의 진행 순서에 따라 시나리오를 읽습니다. 회의에 참여한 다른 학생들은 시나리오에 따라 움직입니다. 각각의 주제에 대한 발표나 부서별 회의를 하고, 이에 따른 결론을 도출해 냅니다.

매달 생활목표를 투입하면 회의 절차라는 알고리즘을 거쳐 결론이 도출되는 형식입니다. 학생들이 스스로 문제를 도출하거나 학교생활에 변화를 가져올 수 있는 주제로 협의하는 경우는 많지 않습니다. 그러다 보니 학생들은 수동적인 자세로 회의에 임하게 됩니다. 담당교사가 제시하는 주제로 협의를 하는 전교 어린이 회의는 위로부터 계획되는 Top-down 방식을 취하고 있습니다.

다모임은 보다 적극적인 형태의 자치활동입니다. 학생들이 학교의 주인의식을 가질 수 있도록 합니다. 학교 행사가 있을 때 학생들의 의견을 묻고, 때로는 학생들 스스로 행사를 기획해서 진행하도록 합니다. 학생 또는 선생님들이 원하거나 일상생활에서 잘 지켜지지 않는 점들을 토의 주제로 삼습니다. 다모임에서 토의한 결과는 되도록 학교 교육과정이나 학교생활에 반영되도록 합니다. 학생들의 잠재력과 가능성을 믿고, 학교의 일원으로 기능할 수 있도록 돕습니다. 학교 구성원의 요구가 교육 활동에 실현되므로 Bottom-up 방식이라고 할 수 있습니다.

유동성이 차이를 만든다

둘의 가장 큰 차이점이 무엇일까요? 저는 유동성의 폭이라고 봅니다. 전교 어린이 회의는 정해진 문제를 의논합니다. 시기나 필요에 의한 것이 아니라, 대부분은 3월에 계획된 연간 생활목표에 의해 운영됩니다. 문제는 생활 목표가 지극히 당위적이라는 점입니다.

2016년 우리 학교 전교 어린이 회의록에 적힌 회의 주제는 주로 '인사를 잘하자', '고운 말을 쓰자'와 같은 것이었습니다. 때로는 일상에서 도출된 주제도 있었습니다. 강당 사용 문제가 불거지면서 '강당을 잘 청소하자'나 '제자리에 물건을 정리하자'라는 주제로 회의를 했었습니다. 날씨가 쌀쌀한데도 반팔을 입는 아이들이 많아 '옷을 따뜻하게 입자'로 이야기를 나누기도 했고요. 그런데 이것이 학생들의 피부에 와 닿는 주제는 아니었습니다.

그 이유는 교사의 요구로 생활목표가 정해졌기 때문입니다. 교사가 문제라고 생각하는 지점을 학생들이 의논하게 하면 학생들이 소극적인 자세로 회의에 임하게 됩니다. 스스로 문제의식을 가지고 토의를 할 때와는 다릅니다. 학생들이 문제라고 생각하지 않는 한 토의 결과는 현실과 유리될 수밖에 없습니다. 도덕책에 제시된 모범답안을 다시 한 번 말하는 형국이 될 수도 있습니다.

그렇다면 학생들의 삶과 밀접한 생활주제는 무엇일까요? 가장 대표적인 것은 학교 교육과정상 실시하는 활동에 학생들의 의견을 묻는 것입니다.

예를 들어, 5월 초에 대부분의 학교는 체육대회를 합니다. 만약 학생들의 의견을 반영하여 행사를 운영하고 싶다면, 4월 다모임의 주제로 체육대회에 관한 사항을 다루는 것이 좋습니다. 체육대회를 주제로 관련 프로그램이나 상품, 먹거리 등에 대해 이야기를 나누면 보다 생동 있게 행사를 추진할 수 있습니다.

우리 학교에서는 2016년 4월의 협의 주제가 '인사를 잘하자'였습니다. 인사라는 게 초등학교에서 다루어야 할 기본적이고 중요한 가치임에는 분명합니다. 하나, 인사를 주제로 회의를 한다고 해서 학생들의 인사를 하는 자세나 가치관이 쉽게 변하지는 않습니다. 학교 교육과정 운영과도 동떨어져 있게 마련이고요.

2017년에 다모임을 시작하면서 우리 학교는 최대한 학생들의 현재 관심사와 해당 시기에 필요한 사안을 중점적인 의논 주제로 삼았습니다. 여러 사안을 모두 다 다루면 좋겠지만, 전교생이 정기적으로 모이는 횟수가 적기 때문에 최대한 효과적으로 활동할 수 있는 주제를 선정하기 위해 노력했습니다. 학생생활 관련 주제를 다룰 때는 되도록 학생이 문제를 느끼는 사안을 주제로 하고, 학생들의 행동 변화를 이끌어 낼 수 있도록 토의 결과가 사후활동과 연관이 되도록 했습니다.

과거와 달리, 현재는 변화가 빠른 속도로 이루어지고 있습니다. 따라서 시대의 흐름이나 다발적으로 발생하는 학교 내부의 요구에 쉽사리 대응할 수 있는 형태의 자치활동이 필요합니다. 학교에서는 학생들이 원하는 주제로 토의나 활동을 할 수 있게 자치활동의 문을 열어두어야 합니다. 유동성의 폭이 커야만 다양한 변화와 요구를 잘 담아낼 수 있기 때문입니다. 이러한 이유로 현재 유동성이 큰 자치활동의 틀로 주로 사용되고 있는 것이 바로 다모임이라고 생각합니다.

문서로 보는 자치활동의 흐름 1
: 자치활동 계획서 읽기

보통 자치활동의 연간 계획은 3월에 작성합니다. 담당자가 바뀌지 않는 경우 빠르면 2월에 계획서가 나오기도 합니다. 계획서는 앞으로 나아가야 할 방향과 가치를 담고 있습니다. 한 해 자치활동이 잘 이루어질지 가늠해보는 단초이기도 합니다.

일 년 동안의 일을 미리 세세하게 계획하는 것은 쉽지 않습니다. 그래서 대부분 학교에서는 자치활동의 연간 계획을 대략적으로 세웁니다. 전년도의 자치활동에 대한 평가가 긍정적이었거나, 별다른 변화의 필요성을 느끼지 못하는 경우에는 전년도와 거의 유사한 방향으로 가기도 합니다.

계획서에는 해당 학교에서 실시되는 자치활동의 흐름이 나타나 있습니다. 실제로 우리 학교에서 작성한 자치활동 계획서를 비교하려 합니다. 2016년 전교어린이 회의와 2019년 다모임 계획서의 일부를 보면서 자치활동의 모습이 어떻게 변화되었는지를 알아보고자 합니다.

2016년과 2019년, 계획서의 변화

다음은 2016학년도 본교의 자치활동 계획서의 일부입니다. 학생 임원 조직은 역할에 따라 학습부, 체육부, 생활부, 봉사부로 나뉩니다. 대상은 4~6학년 학생으로 한정되어 있습니다. 우리 학교는 매월 마지막 주 금요일 5교시에 담당교사의 교실에 모여서 회의를 했습니다. 학교 규모가 작다 보니 따로 회의할 만한 여유 교실이 없었기 때문입니다.

월별 생활목표도 지정되어 있습니다. 생활목표는 주별로 제시되어 있는데, 보통 그달에 포함된 생활목표 중에 1개를 선정했습니다. 생활목표는 보통 당위적인 내용을 다룹니다. 월별로 생활목표가 다소 변동되기도 하지만, 제시된 내용에서 크게 벗어나지는 않았습니다.

4 전교 어린이회 운영

가. 임원 조직

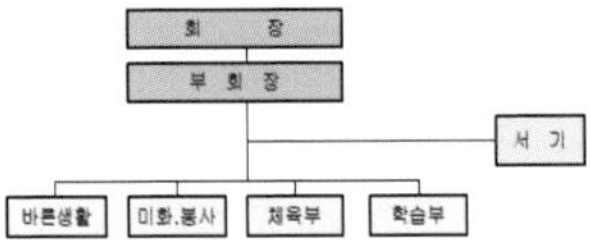

나. 임원의 역할

임원명	역할내용
회장	◉ 전교 어린이 대표 ◉ 전교 어린이 회 주관(회의진행, 학교활동)
부회장	◉ 회장 보좌 ◉ 회장 유고시 역할 대행 ◉ 회의 시 사회 및 표결 확인, 질서 유지
서기	◉ 회의록 기록 및 회의 사항 요약 보고 ◉ 회의록 관리 ◉ 회의 내용 및 의제 공고
각 부장	◉ 역할 분담 활동 주관 ◉ 역할별 실천 활동 계획 및 결과 보고

다. 회의 시기, 대상, 회의 내용

1) 회의 : 매월 마지막 주 금요일 5교시 전교 어린이의 실시

2) 대상 : 4~6년 학생

3) 내용: 생활지도 연간 계획에 의거 주제 선정

라. 회의 순서, 회의록, 월별 생활지도 중점 - 붙임참조

<2016년 전교 어린이 회의 계획>

월별 생활지도 중점 및 지도 교사

월	주	실 천 내 용	지도 교사
3 「친절의 달」	1	학습 용구를 갖추자	남○○
	2	학습규칙을 잘 지키자	이○○
	3	반갑게 인사하자	강○○
	4	서로 칭찬하자	김○○
	5	일기를 잘 쓰자	유○○
4 「정직의 달」	6	정직하게 말하자	전○○
	7	교통질서를 잘 지키자	남○○
	8	장애인을 배려하자	이○○
	9	고운 말을 쓰자	강○○
5 「사랑의 달」	10	웃어른을 공경하자	김○○
	11	선생님께 예절을 지키자	유○○
	12	예의 바른 사람이 되자	전○○
	13	서로 칭찬하자	남○○
6 「보훈의 달」	14	현충일의 의미를 새기자	이○○
	15	환경을 깨끗이 하자	강○○
	16	당번 활동을 잘하자	김○○
	17	순국선열의 얼을 본받자	유○○
	18	물을 아껴 쓰자	전○○
7 「친절의 달」	19	극기 훈련을 잘 이겨내자	남○○
	20	마무리를 잘하자	이○○
	21	알찬 방학계획을 세우자	강○○
8 「시작의 달」	22	학습용구를 갖추자	김○○

월	주	실 천 내 용	지도 교사
9 「배려의 달」	23	학습 규칙을 잘 지키자	유○○
	24	서로 존중하자	전○○
	25	책을 많이 읽자	남○○
	26	서로 칭찬하자	이○○
	27	조상님께 감사하자	강○○
10 「정직의 달」	28	국기 게양 법을 익히자	김○○
	29	한글을 바르게 사용하자	유○○
	30	언행을 바르게 하자	전○○
	31	일기를 잘 쓰자	남○○
11 「사랑의 달」	32	질서를 잘 지키자	이○○
	33	부모님의 노고에 감사하자	강○○
	34	서로 칭찬하자	김○○
	35	정리정돈을 잘하자	유○○
12 「감사의 달」	36	현명한 소비생활을 하자	전○○
	37	이웃에게 온정을 베풀자	남○○
	38	절약 생활에 앞장서자	이○○
	39	친구의 인격을 존중하자	강○○
2 「정리의 달」	40	마무리를 잘하자	김○○
	41	새 학년 알찬 계획을 세우자	유○○

<월별 생활목표>

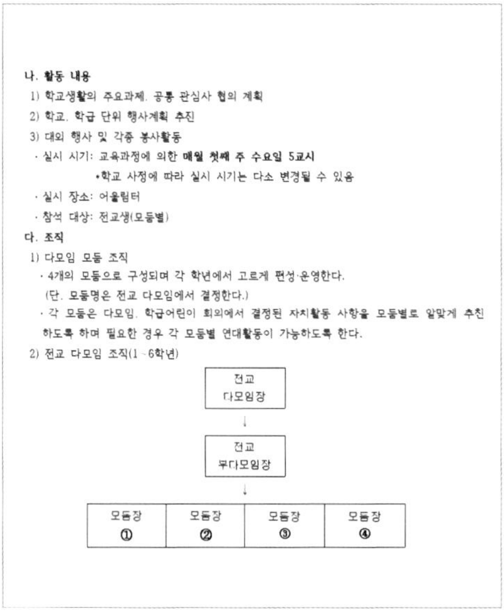

나. 활동 내용

1) 학교생활의 주요과제. 공통 관심사 협의 계획

2) 학교. 학급 단위 행사계획 추진

3) 대외 행사 및 각종 봉사활동

· 실시 시기: 교육과정에 의한 **매월 첫째 주 수요일 5교시**

*학교 사정에 따라 실시 시기는 다소 변경될 수 있음

· 실시 장소: 어울림터

· 참석 대상: 전교생(모둠별)

다. 조직

1) 다모임 모둠 조직

· 4개의 모둠으로 구성되며 각 학년에서 고르게 편성·운영한다.
(단. 모둠명은 전교 다모임에서 결정한다.)

· 각 모둠은 다모임. 학급어린이 회의에서 결정된 자치활동 사항을 모둠별로 알맞게 추진하도록 하며 필요한 경우 각 모둠별 연대활동이 가능하도록 한다.

2) 전교 다모임 조직(1~6학년)

<2019년 다모임 계획>

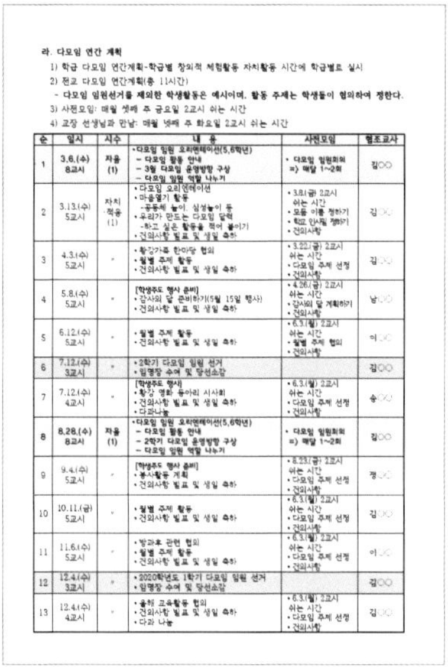

라. 다모임 연간 계획

1) 학급 다모임 연간계획-학급별 창의적 체험활동 자치활동 시간에 학급별로 실시

2) 전교 다모임 연간계획(총 11시간)

- 다모임 임원선거를 제외한 학생활동은 예시이며. 활동 주제는 학생들이 협의하여 정한다.

3) 사전모임: 매월 셋째 주 금요일 2교시 쉬는 시간

4) 교장 선생님과 만남: 매월 넷째 주 화요일 2교시 쉬는 시간

순	일시	시수	내 용	사전모임	협조교사
1	3.6.(수) 8교시	자율 (1)	·다모임 임원 오리엔테이션(5,6학년) – 다모임 활동 안내 – 3월 다모임 운영방향 구상 – 다모임 임원 역할 나누기	· 다모임 임원회의 =) 매달 1~2회	김○○
2	3.13.(수) 5교시	자치·적응 (1)	·다모임 오리엔테이션 ·마음열기 활동 -공동체 놀이. 심성놀이 등 ·우리가 만드는 다모임 달력 -하고 싶은 활동을 적어 붙이기 ·건의사항 발표 및 생일 축하	·3.8.(금) 2교시 쉬는 시간 ·모둠 이름 정하기 ·학교 인사말 정하기 ·건의사항	김○○
3	4.3.(수) 5교시	〃	·황강가족 한마당 협의 ·월별 주제 활동 ·건의사항 발표 및 생일 축하	·3.22.(금) 2교시 쉬는 시간 ·다모임 주제 선정 ·건의사항	김○○
4	5.8.(수) 5교시	〃	[학생주도 행사 준비] ·감사의 달 준비하기(5월 15일 행사) ·건의사항 발표 및 생일 축하	·4.26.(금) 2교시 쉬는 시간 ·감사의 달 계획하기 ·건의사항	남○○
5	6.12.(수) 5교시	〃	·월별 주제 활동 ·건의사항 발표 및 생일 축하	·6.3.(월) 2교시 쉬는 시간 ·월별 주제 협의 ·건의사항	이○○
6	7.12.(수) 3교시	〃	·2학기 다모임 임원 선거 ·임명장 수여 및 당선소감		김○○
7	7.12.(수) 4교시	〃	[학생주도 행사] ·황강 영화 동아리 시사회 ·건의사항 발표 및 생일 축하 ·다과나눔	·6.3.(월) 2교시 쉬는 시간 ·다모임 주제 선정 ·건의사항	송○○
8	8.28.(수) 8교시	자율 (1)	·다모임 임원 오리엔테이션(5,6학년) – 다모임 활동 안내 – 2학기 다모임 운영방향 구상 – 다모임 임원 역할 나누기	· 다모임 임원회의 =) 매달 1~2회	김○○
9	9.4.(수) 5교시	〃	[학생주도 행사 준비] ·봉사활동 계획 ·건의사항 발표 및 생일 축하	·8.23.(금) 2교시 쉬는 시간 ·다모임 주제 선정 ·건의사항	정○○
10	10.11.(금) 5교시	〃	·월별 주제 활동 ·건의사항 발표 및 생일 축하	·6.3.(월) 2교시 쉬는 시간 ·다모임 주제 선정 ·건의사항	김○○
11	11.6.(수) 5교시	〃	·방과후 관련 협의 ·월별 주제 활동 ·건의사항 발표 및 생일 축하	·6.3.(월) 2교시 쉬는 시간 ·다모임 주제 선정 ·건의사항	이○○
12	12.4.(수) 3교시	〃	·2020학년도 1학기 다모임 임원 선거 ·임명장 수여 및 당선소감		김○○
13	12.4.(수) 4교시	〃	·올해 교육활동 협의 ·건의사항 발표 및 생일 축하 ·다과 나눔	·6.3.(월) 2교시 쉬는 시간 ·다모임 주제 선정 ·건의사항	김○○

<월별 활동 계획>

다음은 2019년 다모임 계획서의 일부입니다. 전교생을 대상으로 4개의 모둠을 편성하였습니다. 학생들의 나이와 성별이 고르게 나뉘도록 하여 모둠별로 수준 차이가 나지 않도록 하였습니다.

교육과정을 운영할 때 꼭 필요하거나 매년 반복되는 일은 다모임의 활동 주제로 명시했습니다. 그러나 굳이 고정적으로 계획을 세우지 않아도 되는 일은 '월별 주제 활동'이라는 문구로 대체했습니다. 해당 시기에 필요한 활동을 유동적으로 실행하기 위해서입니다. 또한 계획은 변동이 가능합니다. 다모임 활동을 3월 초에 세운 계획서에 의존하기보다 그때그때 교육공동체의 요구에 알맞게 활동을 선정하도록 했습니다. 계획서에도 '다모임 임원선거를 제외한 학생 활동은 예시이며, 활동 주제는 학생들이 협의하여 정한다'는 문구를 넣었습니다.

가치관이 담긴 자치활동 계획서

계획서를 보면 현재 자치활동을 향한 가치관의 변화를 읽을 수 있습니다.

가장 눈에 띄는 점은 공동체를 바라보는 시선입니다. 전교 어린이 회의는 역할별로 부서를 나누었고, 고학년 중심으로 운영하였습니다. 부서별 역할이나 업무 중심의 체제였고, 저학년은 자신의 의견을 전달할 출구가 없었습니다. 반면, 다모임은 구성원 자체가 중요합니다. 그래서 학년 및 성별에 상관없이 모둠을 만들고, 재학생이면 누구나 참여할 수 있습니다. 마음 열기 활동을 통해 모둠 구성원이 서로 친해질 기회도 갖습니다.

활동 주제의 다양성의 폭도 다릅니다. 전교 어린이 회의에는 학생이 올바른 태도로 학교생활을 해 나갈 수 있는 주제를 주로 선정합니다. 다모임에서는 학생 생활과 관련된 주제를 비롯해 학교 행사의 추진 내용을 의논하거나, 방과후 학교 및 일 년 동안의 학교 교육 활동에 대한 협의를 합니다. 고학년 학생들이 행사를 기획하고 실제로 추진하는 학생 주도 행사를 하기도 합니다.

마지막으로 다모임에서는 학생 개개인의 참여가 중요합니다. 전교 어린이 회의에서는 부서장이 주로 생활 반성을 하거나 전체를 대상으로 발언권을 얻고 발표합니다. 학생 수가 여럿일 경우에는 시간상 발표할 기회가 줄어듭니다. 소극적인 학생들은 한 시간 동안 발표하지 않는 경우도 많습니다. 다모임의 경우에는 모둠별 협의 활동을 활성화하여 학생 각자의 목소리에 귀를 기울이므로, 의견을 표현할 기회가 많아지게 되지요.

계획서는 보통 목적, 방침, 세부계획으로 이어지는 딱딱한 형태를 하고 있습니다. 하지만 분명한 것은 계획서에 담당자와 교육공동체의 가치관이 담겨 있다는 것입니다. 계획서는 자치활동의 방향을 알 수 있는 지표입니다. 그래서 자치활동 계획서를 짤 때 무작정 전년도를 답습하기보다는 어떤 가치를 담을지를 먼저 고민할 필요가 있습니다.

문서로 보는 자치활동의 흐름 2

: 자치활동 회의록 읽기

더불어 자치활동의 회의록도 함께 살펴보겠습니다. 기록은 기억을 뛰어넘는 힘을 가지고 있습니다. 회의록을 보면 오래되어 잘 기억나지 않는, 지난 회의의 전체적인 흐름과 내용을 알 수 있습니다.

전교 어린이 회의의 경우 회의록을 기록하는 서기와 칠판 서기가 따로 있었습니다. 과거에는 서기의 역할이 중요했으며, 전교 어린이 회의록을 의무적으로 작성했습니다. 다모임도 회의록을 쓰기는 합니다. 하지만 지면 회의록에 한정하지 않고, 학교 홈페이지 자치활동 코너에 간단하게 활동을 기록하는 경우도 있습니다.

우리 학교는 지면 회의록을 꾸준히 작성해 왔기에, 회의록을 통해 지난 자치활동의 모습을 알 수 있었습니다. 그럼 지금부터는 전교 어린이 회의록과 다모임 협의록을 보면서 자치활동의 변화를 읽어보겠습니다.

2016년과 2019년, 회의록의 변화

2016년 4월에 작성한 전교 어린이 회의록과 2019년 4월의 다모임 협의록의 모습입니다. 전교 어린이 회의록은 전년도에 우리 학교에서 쓴 양식을 그대로 사용하였고, 다모임 협의록은 학교의 실정에 맞게 전교 어린이 회의록을 변경하였습니다.

먼저 전교 어린이 회의록을 살펴보겠습니다. 전교 어린이 회의는 생활목표 중심으로 운영이 됩니다. 이번 주(달) 생활 반성이 이루어진 후에 다음 주(달) 생활목표를 어떻게 실천할지 의논합니다.

이번 주(달) 생활목표는 '고운 말을 쓰자'였는데, 학생들은 잘 지켰다고 스스로 평가했습니다. 다음 주(달) 생활목표는 '다른 사람 입장을 생각하자'입니다. 이에

제 (3)회 전교 어린이 회의록

담당 교사	교감

2016년 5 월 27일		기록자	
이번 주 생활 목표	고운 말을 쓰자.	반성	잘 됨(○) 잘 안됨( )
다음 주 생활 목표			
○ 실천사항	다른 사람 입장을 생각하자. 말하기 전 상대방 입장 생각하고 말하기 떠들때 선생님 입장 생각하기		
○ 각 부서별 반성 및 계획	부서	반성	계획
	학습·도서부	△	책을 함부로 찢거나 던지지 말자
	체육부	△	체육시간에 딴짓하지 말자.
	생활부	△	욕을 하지 말자
	봉사부	○	쓰레기를 잘줍자
건의사항	반을 정리하자.		
기타 토의사항	컴퓨터실 사용시간을 정하자 (1~6) 물건을 줍자. 미끄럼틀 위에 올라가지 말자. 핸드셋을 함부로 하지 말자		
선행아 추천			
선생님 말씀	회의 시간 태도를 바르게 하자.		

<2016년 전교 어린이 회의록>

제 (2)회 다모임 협의록

담당교사	교감	교장

날 짜	2019년 4월 5일 금요일	기록자	
모인 사람	1~6학년(21명)	불참 인원	0명
모둠 미션 발표 (우리의 언어습관을 되돌아봐요)	모둠명	발표 내용	성공 여부
	포테이토	상대방의 기분을 생각하면서 말한다. 상대방을 화나게 하는 말은 하지 않는다 등	○
	마카롱	친절하게 화 안내고 말하기, 나쁜 말 하지 않기, 줄임말 쓰지 않기 등	○
	파이리	욕을 하지 않는다. 상대방에게 화를 내지 않고 좋은 말로 사과 한다 등	○
	치즈	부모님께 높임말을 쓴다. 습관적으로 욕을 하지 않는다 등	○
토의 주제	황강 가족 한마당		
토의 결과	▣ 타이틀: 부모님과 함께 하는 황강 한마당, 즐겁고 신나는 황강 한마당 등 ▣ 먹거리: 과일 퐁듀, 떡볶이, 슬러시, 초코 와플 등 ▣ 하고 싶은 활동: 야광팔찌 만들기, 이어 달리기, 물총 놀이 등 ▣ 받고 싶은 상품: 슬라임, 물총, 스케치북, 비누방울 등		
건의 사항	· 세면대에서 온수가 안 나와요. · 3학년 교실에 피아노를 놓아 주세요. · 2층 남자 화장실 변기 물을 안 내려요.		
생일 축하 대상자	선생님		
선생님 말씀	다른 사람의 의견을 귀담아 들어주고, 자신의 의견을 자신 있게 말하자.		

<2019년 다모임 회의록>

대한 실천 사항으로 '말하기 전 상대방 입장을 생각하고 말하기', '선생님 입장 생각하기'가 제시되었습니다.

이후에는 각 부서별로 이번 주(달) 생활 반성과 다음 주(달) 계획을 이야기합니다. 학습·도서부, 체육부, 생활부, 봉사부는 각 부서의 주제에 맞는 생활 계획을 발표합니다. 건의사항이 끝나고 기타 토의사항 순서가 됩니다. 기타 토의사항은 건의사항과 경계가 모호합니다. 그래서 학교에서 해결해야 하는 사항은 건의사항으로, 학생들 생활과 밀접한 사항은 기타 토의사항으로 대략 정합니다. 다모임의 회의록에는 이번 주(달) 생활 반성 대신 모인 사람의 수를 넣었습니다. 우리 학교에서는 매달 모둠 미션 주제를 정하여 발표합니다. 미션 주제는 학교 교육과정과 연계한 행사나 학생들이 협의하고 싶은 내용으로 합니다. 학생들이 학교생활을 하면서 잘 지켜지지 않는 부분을 교사나 학생이 제시하기도 합니다. 이번 달 미션은 '우리의 언어습관을 되돌아봐요'였습니다. 모둠별로 주제에 맞게 사전모임에서 협의하고, 협의한 결과를 다모임 시간에 발표하면 되는데 모든 모둠이 성공하였습니다.

2019년 4월의 토의 주제는 체육대회에 관한 것이었습니다. 체육대회의 명칭(타이틀), 먹거리, 하고 싶은 활동, 받고 싶은 상품에 대해 이야기를 나누었습니다. 체육대회를 담당하는 선생님께서는 당해 행사를 운영하는데 학생들의 토의 결과를 참고합니다. 이어서 건의사항과 생일 축하, 선생님 말씀 순으로 회의록을 기록합니다.

무엇이 변화를 만들었을까

회의록에 나타난 뚜렷한 차이점은 무엇일까요? 첫째는 회의 방식입니다. 전교 어린이 회의는 주제에 대한 자신의 의견을 자유롭게 발표합니다. 생활 반성과 실천 사항을 이야기할 때, 원하는 학생은 누구나 손을 들고 이야기합니다. 이 방식은 1대 다수의 형식을 취하고 있습니다. 다인수 학급의 수업시간을 떠올리면 됩니다. 개인의 발표 기회가 제한되고, 이를 원하는 소수의 학생들만 발표를 하게 됩니다.

다모임의 경우 모둠 미션을 할 때, 모둠별로 토의하는 시간을 갖습니다. 소수의 인원이 이야기를 나눌 때의 장점은 1대 다수의 방식보다 발표의 기회가 많다는 것입니다. 발표하는 사람의 심리적 부담도 덜하고 보다 친숙하고 편한 분위기에서 토의할 수 있습니다. 모둠의 토의 결과를 발표하는 학생은 다모임 시간에 전체가 모인 자리에서 모둠 미션 결과를 이야기하며, 모둠의 목소리를 대변합니다. 나 혼자만의 이야기가 아니고, 이미 충분히 협의를 했기 때문에 보다 자신있게 말할 수 있는 것이지요.

둘째, 학생의 삶과의 연관성입니다. 전교 어린이 회의에서는 각 부서별 생활 반성을 한 후, 새로운 생활 계획을 제시하였습니다. 이 계획이 얼마나 학생들의 머릿속에 남아 있을까요? 2016년 5월에 학습·도서부에서는 '책을 함부로 찢거나 던지지 말자'라는 계획을 세웠습니다. 학생들은 책을 함부로 다루면 안 된다는 사실을 이미 인지하고 있습니다. 그리고 3초 정도는 책을 정성껏 대해야겠다고 생각하겠지요.

문제는 이후입니다. 학생들의 기억을 다시 복기할 장치가 없습니다. 예를 들어 학생들이 토의한 결과를 벽에 붙여 놓는다든지, 학교의 규칙에 넣는 등의 가시적인 효과가 있어야 합니다. 그래야만 토의한 결과물을 보거나 규칙을 상기하면서 자신이 토의한 상황을 떠올리게 됩니다. 단순히 회의에서 그치는 것이 아니라, 현실과 연계되어 있음도 알게 됩니다.

4월 다모임에서는 체육대회를 주제로 토의를 했는데, 이 중 일부는 실제로 행사를 운영할 때 반영하였습니다. 학생들의 의견과 요구는 다양하기 때문에 모든 걸 수용할 수는 없습니다. 하지만 학생들이 제시한 의견이 받아들여지는 경험은 매우 중요합니다. 이를 통해 학생들은 자신의 의견이 소중하다는 것을 알게 됩니다. 또한 스스로 목소리를 내는 것이 궁극적으로는 학교생활에 영향을 줌을 느끼고, 보다 능동적으로 토의 활동에 참여하게 됩니다.

셋째, 참여 대상에 차이가 있습니다. 전교 어린이 회의의 경우 고학년이 대상입니다. 보통 5~6학년 중 각 반 대표 학생들이 참여하게 됩니다. 우리 학교의 경우 2016년에 4~6학년 전체 학생을 대상으로 회의를 운영했으나, 이는 작은 학교이기 때문에 가능한 일입니다. 일정 연령에 도달해야만 책임감을 가지고 전체를 이끌어 나가는 일에 참여할 수 있다고 보는 것입니다.

우리 학교 다모임은 전교생 참여를 원칙으로 합니다. 1학년부터 6학년까지 재학생이면 누구나 학교의 여러 문제를 의논하고, 자신의 생각을 표현할 기회가 있어야 한다고 보기 때문입니다. 전교 다모임장과 부다모임장을 선출할 때도 어김없이 전교생 모두가 함께합니다. 다모임 구성원으로서의 조건은 재학생이라는 것 이외에는 아무 것도 없습니다. 학교의 일을 결정하는 데 굳이 학년이나 나이의 구분을 둘 필요가 없다고 봅니다.

이외에도 결재 방식에도 차이가 있습니다. 전교 어린이 회의 때는 교감 선생님 전결로 회의록 결재를 받았습니다. 다모임에서는 교장 선생님 결재란을 넣었습니다. 이는 업무 간소화의 추세와는 맞지 않습니다. 그렇지만 굳이 교장 선생님을 추가한 이유는 회의 결과를 교장 선생님께서 알고, 자치활동에 관심을 가지시길 바랐기 때문입니다. 결재가 교장 선생님의 가치관에 큰 변화를 일으켰다고 생각하지는 않습니다. 하지만 다모임을 하는 동안 만났던 두 분의 교장 선생님께서는 다모임의 가치를 이해하고, 깊이 있는 활동을 할 수 있도록 조력해 주셨습니다.

전교 어린이 회의록은 학생이 기록하였습니다. 칠판 서기가 기록한 내용을 고치지 않고 다른 서기가 회의록에 썼습니다. 처음에 다모임을 할 때는 학생에게 서기의 역할을 하도록 했습니다. 그러나 전체가 참여하는 활동이 많다 보니, 다모임 시간에 학생 서기가 모임의 내용을 기록하기가 어려웠습니다. 다모임 시간에 회의록을 쓰는 것보다는 모둠 활동을 하는 게 먼저라고 생각했기 때문입니다. 기억의 한계 때문에 다모임이 다 끝난 후에 쓰는 것도 힘들었습니다. 담당자가 학생과 머리를 맞대고 한 자 한 자 적어 나가며 회의록을 기록하는 것이 큰 의미가 없다고 생각했습니다. 이런 이유로 2019년에는 제가 학생을 대신하여 회의록을 작성하기 시작했습니다. 컴퓨터로 작성한 회의록을 출력하여 붙이는 방법으로 대신했습니다.

우리 학교 다모임 협의록은 기존 전교 어린이 회의록의 양식을 변형했습니다. 실질적으로 다모임에서 이루어지는 일들을 간단하게나마 기록하려고 했지요. 요새는 회의록을 간소화하여 협의사항과 건의사항만 적는 학교도 있습니다. 이마저도 학교 홈페이지에 올리는 것으로 대체합니다. 회의록을 종이 문서로 남길 것인가, 온라인으로 대체할 것인가 또는 어떤 내용을 담을 것인가는 학교에서 정하면 됩니다. 군더더기를 빼고 실제로 협의한 내용을 중심으로 간결하게 기록하는 것이 우선입니다.

초등 자치활동의 현주소

: 자치활동이란 무엇인가

그렇다면 자치활동이란 무엇일까요? 자치(自治)는 스스로 '자(自)'와 다스릴 '치(治)'로 이루어져 있습니다. 한자를 살펴보면 자신의 일을 스스로 다스리는 것을 뜻힙니다. 이에 따르면 학생 자치활동이란 학생이 학교생활을 하면서 자신과 관련된 일을 스스로 결정할 수 있음을 의미한다고 볼 수 있습니다.

우리나라는 다양한 법 조항을 통해서 학교마다 의무적으로 자치활동을 실시해야 하며, 학교 나름대로 자율성을 발휘하여 자치활동을 실시하도록 하도록 명시하고 있습니다. 또한 초등교육과정상에도 학교마다 자치활동을 편성하여 운영하도록 하고 있습니다.

2015 개정 교육과정 살펴보기

때로는 '자율성'이라는 말만큼 어려운 것도 없습니다. 하나부터 열까지 결정할 것이 너무도 많기 때문입니다. 이럴 때는 원칙으로 돌아가는 것이 좋습니다. 초

활동	활동 목표	활동 내용(예시)
자치·적응활동	성숙한 민주시민으로 살아갈 수 있는 역량을 함양하고, 신체적·정신적 변화에 적응하는 능력을 길러 변화하는 환경에 적극적으로 대처한다.	• 기본생활습관 형성활동 - 예절, 준법 질서 등 • 협의활동 - 학급회의, 모의 회의, 토론회, 자치법정 등 • 역할분담활동 - 1인 1역 등 • 친목활동 - 교우 활동, 사제동행 활동 등 • 상담활동 - 학습, 건강, 성격, 교우관계 상담 활동, 또래 상담 활동 등

<자율활동 영역의 활동별 목표와 내용>

등학교 교육과정에 제시된 자율활동의 활동 목표[1]를 살펴보는 것이지요.

창의적 체험활동에 제시된 자치·적응활동[2]의 활동목표 중 자치활동과 직접적으로 관련된 부분은 '성숙한 민주시민으로 살아갈 수 있는 역량을 함양하는 것'입니다. 즉, 민주사회의 구성원으로서 살아갈 수 있는 올바른 시민의식을 기르는 것을 말합니다.

그렇다면 자치활동을 하면서 길러야 할 역량은 무엇일까요? 자율활동을 통해 기르려는 여러 역량 중 자치활동과 가장 밀접한 것은 의사소통 역량과 공동체 역량입니다. 의사소통 역량이란 민주적인 의사 결정 과정에 주체적으로 참여하고 자신의 생각과 감정을 효과적으로 표현하여 다른 사람과 원만한 관계를 형성할 수 있는 능력[3]입니다. 공동체 역량이란 다양한 단체 활동에 자발적으로 참여하여 공동의 문제를 합리적으로 해결하고 나눔과 배려를 실천하며 다른 사람과 더불어 조화롭게 살아가는 역량을 말합니다.[4] 자신의 삶의 주체가 되는 자기관리 역량, 문제해결에 필수적인 지식정보처리 역량 등도 자치활동을 하는 데 필

1) 창의적 체험활동 교육과정(교육부 고시 제2015-74호) p.6
2) 2015 교육과정부터는 자치활동과 적응활동이 자치·적응활동으로 통합되었다.
3) 창의적 체험활동 교육과정(교육부 고시 제2015-74호) p.3
4) 창의적 체험활동 교육과정(교육부 고시 제2015-74호) p.3

요하지만, 자치활동이 추구하는 가치라기보다는 자치활동을 하면서 더불어 함양할 수 있는 역량 중 하나라고 볼 수 있습니다.

자치활동에는 학급회의, 모의회의, 토론회, 자치법정 등 다양한 형태가 있습니다. 하지만 이 책에서 다루고 있는 것은 다모임이라는 전교 단위의 협의 활동입니다. 그 이유는 소규모 학교에서 자치활동으로 주로 채택하고 있는 방법이기 때문입니다. 학급별로 학생 수가 적은 경우에는 다양한 의견이 나오지 않아 학급회의가 활성화되기 어렵습니다. 또, 모의회의나 토론회를 개최하기에는 부담이 됩니다. 이를 위해서는 자료 조사부터 발표 준비까지 시간이 많이 걸리기 때문입니다. 이런 이유로 모의회의나 토론회는 1~2회 정도 할 수는 있으나, 정기적인 형태의 자치활동이 되기는 어렵습니다. 그래서 많은 소규모 학교에서는 전교생이 함께하는 다모임으로 자치활동을 꾸려 나가고 있는 실정입니다.

자치활동의 법적 근거

그렇다면 자치활동의 법적 근거는 무엇일까요?

학생의 학교 참여를 근본적으로 보장하는 것은 교육기본법입니다. 교육기본법 제5조 제2항에는 교직원·학생·학부모 및 지역주민이 학교운영에 참여할 수 있음을 나타냅니다. 이는 학생의 자치활동이 교육의 자주성을 실현하기 위한 방안임을 설명해 줍니다.

초·중등교육법 제3장 제1절 제17조에서는 '학생의 자치활동은 권장·보호되며, 그 조직과 운영에 관한 기본적인 사항은 학칙으로 정한다'라고 제시되어 있습니다. 이는 학생 자치활동의 필요성을 인정한 조항이며, 자치활동은 학교에서 자율적으로 실시하도록 권장하고 있음을 알 수 있습니다.

종류	조항	내용
교육 기본법	제5조 제2항 (교육의 자주성 등)	학교운영의 자율성은 존중되며, 교직원·학생·학부모 및 지역주민 등은 법령으로 정하는 바에 따라 학교운영에 참여할 수 있다.
초·중등 교육법	제3장 제1절 제17조 (학생자치활동)	학생의 자치활동은 권장·보호되며, 그 조직과 운영에 관한 기본적인 사항은 학칙으로 정한다.
초·중등 교육법 시행령	제1장 제9조 제8항 (학교규칙의 기재사항 등)	학생자치활동의 조직 및 운영
	제3장 제1절 제30조 (학생자치활동의 보장)	학교의 장은 법 제17조의 규정에 의한 학생의 자치활동을 권장·보호하기 위하여 필요한 사항을 지원하여야 한다.
전라 북도 학생 인권 조례	제2장 제6절 제18조 (자치활동의 권리)	① 동아리, 학생회 그 밖에 학생자치조직의 구성과 운영 등 학생의 자치활동은 보장된다. ② 학교의 장은 학생자치조직의 구성과 운영 등 학생 자치활동의 자율과 독립을 보장하고 학생 자치활동에 필요한 시설과 행·재정적 지원을 하여야 한다. ③ 학교는 성적, 징계를 받은 사실 등을 이유로 학생자치조직의 구성원 자격을 제한하여서는 아니 되며, 학생자치조직의 대표는 보통·평등·직접·비밀 선거에 의해 선출된다. ④ 학생자치조직은 다음 각호의 권리를 가진다. 1. 학생 자치활동에 필요한 예산과 공간, 비품을 제공 받을 권리 2. 학교운영, 학교 규칙 등에 대하여 의견을 개진할 권리 3. 학생자치조직이 주관하는 행사를 자유롭게 개최할 수 있는 권리
	제2장 제6절 제19조 (학칙 등 학교 규정의 제·개정에 참여할 권리)	① 학생은 학칙 등 학교 규정(이하 '학교규정'이라 한다)의 제·개정에 참여할 권리를 가진다.

	② 학교의 장은 학교규정의 제·개정 과정에서 학생들의 의견을 민주적이고 합리적인 절차를 거쳐 수렴하여야 하며, 학생회 등 학생자치기구의 의견 제출권을 보장하여야 한다. ③ 학교의 장은 학생의 인권을 존중하여 학교규정을 제·개정하고, 이를 학교 홈페이지에 게시하여야 한다.
제2장 제6절 제20조 (정책결정에 참여할 권리)	① 학생은 학교 운영과 교육청의 교육정책 결정과정에 참여할 권리를 가진다. ② 학생회 등 학생자치기구와 학생들의 자발적 결사는 학생의 권리와 관련 있는 사항에 의견을 표명할 권리를 가진다. ③ 학교의 장과 교직원은 학생대표와의 면담 등을 통하여 정기적으로 의견을 청취하도록 노력하여야 한다. ④ 학생대표는 학생에게 영향을 미치는 사안에 관하여 학교운영위원회에 참석하여 발언할 수 있다. ⑤ 교육감과 학교의 장은 학생에게 영향을 미치는 사항을 결정할 때에는 학생의 참여를 보장하여야 한다.

<자치활동의 법적 근거>

초·중등교육법 시행령 제1장 제9조 제8항에는 학교 규칙에 자치활동의 조직과 운영을 기재하도록 합니다. 이는 학교별로 자치활동의 조직 및 운영방안을 포함한 세부운영계획을 수립해야 함을 의미합니다. 동법 제3장 제1절 제30조에는 학교의 장이 자치활동에 필요한 사항을 지원해야 한다고 나옵니다. 학교장은 물리적·행정적 지원을 하여 학교의 자치활동이 원활하게 이루어지도록 해야 합니다.

학생 인권조례에도 자치활동 관련 조항이 있습니다. 전라북도 학생 인권조례의 제6절에는 자치와 참여의 권리가 나타나 있습니다. 구체적으로 살펴보면 제

18조에는 자치활동의 권리, 제19조에는 학칙 등 학교 규정의 제·개정에 참여할 권리, 제20조에는 정책 결정에 참여할 권리를 서술하였습니다. 이는 학생 인권 조례를 제정한 타 시도에서도 공통적으로 포함되는 내용입니다.

제18조에서는 학생 자치활동의 자율과 독립을 보장하고 행·재정적 지원을 해야 한다는 내용이, 제19조에는 학생의 학교생활과 밀접한 관련이 있는 학교 규정의 제·개정에 참여할 권리를 서술하고 있습니다. 제20조에서는 학생에게 영향을 미치는 사안을 결정할 때는 학생의 의견을 듣도록 하고 있습니다.

이처럼 다양한 법의 조항과 조례 등을 통하여 학생의 자치활동과 참여가 보장되고 있습니다. 이에 반해, 자치활동에 대한 연구는 미미한 편입니다. 학술연구정보서비스인 리스포유(www.riss.kr)에서 '다모임'을 검색을 했을 때, 학생 자치활동으로서의 다모임을 주제로 한 문건은 2~3건에 불과했습니다. 교사 공동체나 학교 교육과정 연구에 다모임이 포함된 경우가 대다수였고, 자치활동을 중점적으로 연구한 사례는 드물었습니다.

'초등 자치활동'을 주제로 검색을 했을 때도 대다수의 논문이 '학급회의'나 '전교 어린이 회의'에 초점을 두고 있습니다. 게다가 최근 자치활동의 동향을 반영한 논문의 수가 적었습니다. 학생 중심의 가치를 실현해 나가고자 하는 사회적 상황과 상반되는 결과였습니다. 많은 학교에서 다모임을 하고 있음에도 그 결과가 잘 공유되지 않고, 다모임 실태에 대한 연구가 활발하게 이루어지지 않는다는 반증이기도 합니다.

자치활동은 학생이 주체적으로 참여하는 교육 활동입니다. 이는 법적으로 보장하는 학생의 권리입니다. 학급회의, 전교 어린이 회의, 다모임 등 형태를 불문하고 자치활동에 대해 더 많은 관심과 고민이 필요한 때입니다.

다모임은 멀티 플레이어

3년간 다모임을 운영하면서 다모임은 힘이 세다는 걸 느꼈습니다. 다모임 자체가 가지고 있는 의미도 좋지만, 다모임이 실현되면서 학교에 긍정적인 파급효과를 끼쳤습니다. 다모임은 단순한 회의만을 의미하지 않습니다. 다모임에서는 활동의 방법과 실천의 방향이 융합적으로 일어납니다. 그렇기에 다모임은 여러 가지 장점을 지니고 있습니다. 여기에서는 다모임을 통해 신장할 수 있는 덕목에 대해 이야기해 보겠습니다.

민주시민 의식

자치활동은 민주시민 의식 형성에 근간을 둡니다. 성숙한 민주시민이 될 기반을 마련하기 위해 초등학교에서는 자치활동을 운영합니다. 대화를 통해서 문제를 해결하고, 공동의 규칙을 만들거나 맡은 역할을 다하는 활동을 통해 민주시민 의식을 기를 수 있습니다.

다모임 시간에 규칙을 지키는 질서의식, 생각과 감정을 공유하는 의사소통능력은 사회의 구성원으로서 꼭 필요한 소양입니다. 자신의 생각과 관점이 다르더라도 대화로 의견의 차를 좁혀 나가는 것 또한 민주시민으로서 갖추어야 할 덕목입니다. 다모임을 통해서 한 달에 1~2회 정도 협의 활동을 했으며, 각각 역할을 분담하여 모둠 활동을 했습니다. 교장·교감 선생님과의 만남의 날, 미션 결과 발표 등을 통해 소통의 폭을 넓혀 나가며 공동의 문제를 합리적으로 해결해 나가는 동안 학생들의 민주시민 의식이 함양되었습니다.

공동체 의식

학생들은 학교의 구성원입니다. 그리고 다모임은 개인이 아니라 공동으로 진행되는 활동입니다. 특히 모둠별로 하는 활동이 많기 때문에 공동체의 구성원으로서 함께 배려하고 소통하게 됩니다. 모둠별로 이름을 정하고, 역할을 정하는 것은 공동체 의식을 함양하기 위한 방안 중 하나입니다.

학기 초에 공동체 놀이 등 즐거운 경험을 통해서 학교의 구성원임을 깨닫게 하는 것, 다모임 활동에서 누구도 소외되지 않고 발언하며 참여하는 것 등은 개개인이 공동체의 일원으로서 소속감을 갖게 하기 위함입니다. 또한 우리 학교의 다모임은 경쟁보다는 협력을 중요시하므로 서로 배려하며 활동하는 동안 공동체 의식이 자연스럽게 스며들게 됩니다.

발표력의 신장

다모임 활동에는 대화가 필수입니다. 사전모임이나 본모임에서 모둠끼리 협의하고 사전모임의 결과를 발표하며 학생주도 행사를 기획할 때, 교장·교감 선생님과 만남의 날을 할 때 등 매 순간 의사소통을 해야 합니다. 모둠별 협의 활동이 많기에, 적은 수로 구성된 모둠 안에서 발언의 기회가 많습니다.

모둠의 협의 결과를 발표할 때는 전교생과 선생님들이 지켜보는 가운데 앞에 나가서 마이크를 들고 말을 합니다. 다소 긴장되지만, 발표 능력을 신장하는 데는 많은 기회를 갖는 것만큼 좋은 것이 없습니다. 다른 학생들이 발표하는 모습을 보고 말하는 방법, 발표하는 태도 등을 배우기도 합니다. 다모임 활동을 3년 동안 지속하다 보니, 특히 고학년 학생들은 전체가 모인 자리에서 앞에 나가 말하는 데에 거부감이 없습니다. 이렇게 다모임은 수많은 대화의 기회를 통해 발표력을 신장할 수 있습니다.

자발적인 태도

다모임은 학생이 주가 되는 활동입니다. 학생이 학교생활이나 교육 활동에 의견을 내고, 이를 실제로 반영합니다. 학생들이 주도하여 행사를 계획하고 실현하기도 합니다. 그래서 다모임은 학생들의 자발적인 태도를 전제로 합니다.

학교 규칙에 대해 의견을 내고, 다모임의 규칙이나 인사말을 정하며, 학교생활 태도를 스스로 점검하고 개선방안을 생각합니다. 학교생활을 하면서 불편한 점을 발견하면 건의하고, 이 건의사항이 잘 실현될 수 있도록 교장·교감 선생님과의 만남의 시간을 갖습니다. 이런 활동들은 학생들이 수동적인 자세에 그쳐서는 실현되기 힘듭니다.

학생들은 다모임 활동을 하면서 학교생활에 조금 더 깊게 관여하고, 적극적으로 의견을 제안하게 됩니다. 다모임 활동을 하면서 우리 학교 학생들은 이전보다 자발적인 태도를 갖게 되었습니다.

바른 인성의 함양

최근 인성교육이 강조되고 있습니다. 이는 나눔과 배려를 실천하면서 발달합니다. 우리 학교 다모임은 전교생이 참여합니다. 저학년과 특수학생도 함께 합니다. 그래서 때론 활동이 더디게 이루어질 때도 있지만, 학생들은 다른 학생들이 모두 활동을 마무리할 때까지 이해하고 기다려 줍니다. 다름과 차이를 인정하고, 다른 사람을 배려하는 습관이 몸에 밴 결과입니다.

배려는 공동체 생활을 하는 누구에게나 필요한 덕목입니다. 협의할 때도 다른 사람의 이야기를 경청하거나 타인의 입장을 고려하여 큰 소리로 또박또박 이야기하는 것, 같은 모둠원들이 활동을 잘할 수 있도록 도와주는 것, 선거에서 탈락한 학생에게도 박수를 보내 주는 것, 협의 결과를 발표하는 학생이 다소 긴장했더라도 끝까지 들어주는 것 모두가 배려입니다.

다모임을 하면서 학생들은 다양한 연령과 성향의 학생들과 함께할 기회를 많이 갖습니다. 또한 학교를 위해 애쓰시는 분은 선생님 말고도 행정실 직원, 급식실 여사님, 청소해 주시는 선생님 등 여럿이라는 사실을 알고 감사하는 마음을 갖습니다. 함께 생일을 축하해 주고 축하 받으면서 서로의 행복을 빌어주기도 하고요. 이런 모든 활동이 학생들의 바른 인성을 함양하는 초석이 됩니다.

숨통이 되는 계획 세우기

계획에 쉼표를 찍어 두세요

2월 즈음이 되면 학교에서는 본격적으로 업무 분장을 합니다. 일 년 동안 맡을 학급과 업무를 정하는 과정이지요. 보통 2월에는 학교를 옮기시는 분들도 있고, 새 학년의 교육과정을 짜며, 새로운 학급을 맡을 준비에 분주합니다. 선생님이 바쁜 시기 중 하나이지요.

이럴 때 생각지도 않게 자치활동 업무를 맡게 되면 다소 난감한 생각이 듭니다. 그래서 전임자에게 대략적인 자치활동의 방향을 물어봐서 전년도와 비슷하게 계획을 세우게 됩니다. 모두가 바쁜 2월에 자치활동을 어떻게 꾸려갈지 함께 진지하게 고민할 여유가 없기 때문입니다. 3월에는 새 학기의 시작과 함께 학급에서 처리할 업무의 양이 폭증하는 시기이므로 더욱 힘듭니다. 그래서 저는 자치활동의 전체적인 흐름을 12월에 생각해 두는 것이 좋다고 생각합니다.

물론 12월이라고 한가하지는 않습니다. 하지만 12월은 대부분의 교육 활동이 마무리되는 시기입니다. 각 학교에서 1년간의 교육과정을 돌아보며 협의회를 갖습니다. 이때가 한 해 동안의 자치활동을 돌아보고, 이에 대한 다양한 생각을 모으는 적기입니다. 학생들에게도 올해의 자치활동에서 좋았던 점과 아쉬웠던 점, 내년에 하고 싶은 활동 등을 물어야 합니다. 교직원 워크숍이나 별도의 회의를 통해 선생님들과 다모임의 전체적인 운영 방향에 대해 다시 한 번 의논하는 시간을 가져야 합니다.

그렇게 모인 교육공동체의 의견은 다음 해에 자치활동을 운영할 수 있는 귀한 자산이 됩니다. 당해 담당자는 학생과 선생님의 의견을 토대로 내년에는 어떤 방향으로 다모임을 운영할지 교직원 회의에서 함께 이야기해야 합니다. 모임의 횟수, 시간, 날짜, 모둠의 구성, 예산부터 간식, 생일 축하의 여부 등 소소한 이야기까지 나누어야 다음 해 자치활동의 청사진이 선명해집니다. 계획서는 이를 토대로 나와야 합니다.

그러기 위해서는 당해 본교에서 근무해서 자치활동의 흐름을 잘 알고 있는 선생님께서 내년도 자치활동을 맡으시는 것이 바람직합니다. 이제 막 새로 와서 학교에 적응하고 다른 업무도 해야 하는 데, 자치활동에 대해 고민할 겨를이 없기 때문입니다. 계속해서 자치활동을 운영해왔거나, 학생 중심의 활동에 관심이 많지 않은 이상 말입니다.

회의를 할 때, 다모임에 대한 가치관이 달라 전체적인 방향에 맞지 않는 의견도 더러 있습니다. 하지만 회의에서 모든 의견을 다 반영할 수는 없습니다. 다모임도 교육 활동의 일부이므로 시간적 제약과 예산에 제한이 있기 때문입니다. 그런 경우에는 의견을 수용할 수 없는 이유를 충분히 설명해야 합니다. 우리 학교 교육 활동의 발전을 위한 소중한 의견이니까요.

여러 의견을 반영하여 계획을 세울 때는 꼭 필요한 내용만 넣으세요. 다모임의 계획에는 목적, 방침, 활동 내용, 활동 시기, 모임조직 등이 들어갑니다. 1~2쪽 정도로 간단히 짜더라도 전체적인 자치활동의 운영 방향이 포함되면 됩니다.

월별 활동 계획의 경우 모두 다 제시하지 않아도 됩니다. 교육과정 상 필요한 활동 내용은 넣고 나머지는 '월별 주제 활동', '학생 협의 활동'으로 표기해 두고 그때그때 학생들과 협의해서 정하면 됩니다. 사실 그렇게 해야 보다 유동적이고 살아 있는 다모임 활동을 해 나갈 수 있습니다.

계획은 말 그대로 계획일 뿐입니다. 앞으로의 활동의 근거이지만 언제든지 융통성 있게 변경될 수 있어야 합니다. 담당자의 입장에서도 모든 계획을 미리 세워두고 그대로 실행하는 것은 부담스럽습니다.

계획서에 마침표보다는 쉼표를 찍으세요. 내년의 자치활동의 흐름을 미리 생각해 두고, 일부를 학생들이 채워가는 공간으로 남겨 놓는다면 신학기에는 보다 여유롭게 다모임을 시작할 수 있을 것입니다.

CHAPTER 03

문제는 시스템이다

다모임은 매주 혹은 매달 반복되는 활동입니다.
만약 아무런 체계 없이 운영한다면
매번 어떻게 운영해야 할지 고민하지 않을 수 없습니다.
그래서 다모임에는 시스템이 필요합니다.
시스템이라고 해서 거창한 게 아닙니다.

다모임을 어떤 방향으로 운영할지 철학을 세우고,
어떤 활동으로 채워나갈지 대략적으로 정하는 겁니다.
우리 학교만의 큰 틀을 정한 후, 상황에 맞춰서 융통성 있게 변경가능하도록
시스템을 구성하면 좋습니다.

다 모이면 반은 성공
: 누구나 참여해요

다모임의 명칭은 어디에서 유래한 것일까요? 정확한 내용을 찾기는 어렵지만 있는 그대로 생각해 보면 '모두 다 모인다'는 뜻일 것입니다. 전교 어린이 회의는 고학년 위주였고, 큰 학교의 경우 고학년 중에서도 각 학급의 대표들이 참석하였습니다. 다모임은 어떤 조건 없이 누구나 모일 수 있는 형태의 자치활동을 의미합니다.

저는 다모임은 다 모이면 반은 성공이라고 생각합니다. 어떤 제한조건도 두지 않고 해당 학교 학생이라면 누구나 참여해서 활동하고, 자신의 의견을 말할 수 있는 통로가 바로 다모임입니다.

처음 다모임을 시작할 때 과연 1학년도 활동을 할 수 있을지 고민했습니다. 전교 어린이 회의를 할 때 4~6학년을 대상으로 했음에도 불구하고, 학생들이 특정 주제에 대해 발표를 하는 것을 어려워했기 때문입니다. 또한 저학년 학생들이 40분 활동을 하는 동안 집중할 수 있을지, 다모임 활동을 싫어하지는 않을지 여러모로 걱정이 되었습니다.

막상 다모임을 하면서 그 생각은 기우였다는 것을 알게 되었습니다. 학생들은 모이는 것을 좋아합니다. 평소와는 다르게 학년이 뒤섞인 형태로 모둠 활동을 하는 것 자체가 학생들에게는 신선한 자극입니다. 교실에서 교과서로 하는 수업과 달리 하얀 종이 위에 자유롭게 생각을 적고 이야기를 나누는 활동은 공부보다는 놀이에 가깝다고 여깁니다. 게다가 맛있는 간식과 생일 축하, 공동체 놀이 등이 함께하는 다모임을 좋아하는 편입니다.

작은 학교의 다모임

다모임은 함께 하는 데 의미를 두어야 합니다. 체계적인 계획으로 이 시간을 알차게 채워나가면 더할 나위 없겠지만, 다모임에서는 모두가 모이는 것만큼 중요한 것이 없습니다. 전교생 수가 50명 이하의 소규모 학교는 전교생이 함께 참여하는 게 좋습니다. 우리 학교는 지난 3년 동안 전교생의 수가 20~30명 남짓했습니다. 이런 경우 저학년을 제외하는 게 큰 의미가 없습니다. 작은 학교는 전교생 단위의 체험학습이나 강의가 많습니다. 전교생이 서로 얼굴과 이름을 알기 때문에 친밀감을 형성하기 좋습니다. 생일 축하나 일부 활동에는 유치원생들까지도 함께 참여했습니다.

6학급이더라도 전교생의 수가 50명 이상이면 모두가 한 번에 활동하기 쉽지 않습니다. 이럴 때는 저학년과 고학년으로 나누어 다모임을 하는 게 낫다고 봅니다. 저학년은 친교 활동 위주로, 고학년은 협의 활동을 중점적으로 자치활동을 전개해 나가면 학년 수준에도 맞고 보다 효율적으로 모임을 운영해 나갈 수 있을 것입니다. 보통 다모임은 자치활동 담당자가 주축이 되어 학생들과 만들어 갑니다. 하지만 이런 경우에는 저학년 담임 선생님들과 고학년 담임 선생님들이 협의를 통해 어떻게 운영할지를 정하는 것이 좋습니다. 매번 돌아가면서 다모임을 담당하거나, 저학년과 고학년의 담당자를 따로 정하는 방법도 있습니다.

큰 학교의 다모임

그렇다면 학급 수가 많은 경우에는 어떻게 하는 것이 좋을까요? 12학급 이상인 경우에는 학년별로 다모임을 운영할 수 있습니다. 12학급이면 보통 학년당 2학급이 되는데, 동 학년과 다모임을 해도 충분합니다. 학급수가 많은 학교의 경우에는 전교 단위의 자치활동이 활성화되어 있는 편입니다. 고학년 각 학급의 대표들이 모여서 회의를 하거나 행사를 준비하는 등의 활동을 합니다. 동 학년에서 나온 의견을 학급이나 학년 대표가 전체 회의에서 전달하는 역할을 하면 됩니다. 이 경우에는 동학년 선생님들끼리 긴밀하게 상의하여 다모임을 누가 담당할 것인지, 어떤 방향으로 운영할지 동학년 협의를 통해 정해야 합니다.

간혹 학급 수가 36학급 이상의 대규모 학교에서는 동학년 다모임도 힘든 경우가 있습니다. 그러면 학급 다모임을 하면 됩니다. 학급별로 자치활동 시간에 학급의 문제에 대해 이야기를 나누고, 생일 축하를 하는 등 학급에서 재량껏 자치활동을 운영해 나가면 됩니다. 물론 이 과정에서 중요한 것은 학생들의 의견입니다. 우리 학급의 자치활동 시간을 어떻게 채워나가면 좋을지 함께 이야기하는 시간을 가지세요. 선생님 혼자 고민하시는 것보다 다양하고 풍성하게 다모임을 운영할 수 있을 겁니다.

다모임의 운영방법은 학교 재량입니다. 제가 제시한 방법도 어디까지나 참고사항일 뿐입니다. 선생님께서 근무하시는 학교만의 방법을 찾아야 합니다. 가장 중요시해야 하는 점은 학생 누구에게나 참여의 기회를 주는 것입니다. 더러는 다모임 활동을 꺼려하는 학생들도 있습니다. 하지만 그 학생들에게도 함께 모일 권리, 참여할 권리, 이야기할 권리를 주세요. 다모임의 특정 활동을 싫어할지라도 모이는 것 자체를 싫어하는 학생은 드뭅니다. 모두 모였다면, 일단 절반은 성공한 것이나 마찬가지입니다.

비전 공유가 먼저다
: 학생과 교사의 이중주

처음 다모임을 시작했을 때는 담당자인 저조차 다모임의 의미를 이해하지 못했습니다. 새로운 형태의 자치활동이고, 다모임을 하면 학생들이 즐거워한다는 말이 다모임을 시작하는 원동력이 되었습니다. 그런데 언젠가부터 삐거덕거리는 느낌이 들었습니다. '왜 다모임을 해야 하는가?'에 대한 비전 공유가 되지 않은 것입니다. 다양한 활동을 하면서 학생들은 행복해했으나, 단순한 즐거움에서 끝날 때도 있었습니다. 선생님들은 '왜 다모임을 해야 하나'부터 '굳이 이렇게까지 거창하게 활동을 해야 하나?' 하는 의견을 제시하기도 했습니다.

결론부터 말하자면 다모임은 꼭 하지 않아도 됩니다. 다모임은 어디까지나 자치활동의 한 형태일 뿐입니다. 자치활동은 학급회의, 전교회의, 토론회, 자치법정 등 다양합니다. 우리 학교의 여건상 다모임이 맞지 않는다고 생각하면 다모임은 과감하게 접어도 됩니다.

하지만 다모임을 한다면 비전 공유를 먼저 해야 합니다. 특히 다모임에 밀접하게 관여하는 학생과 선생님들이 다모임의 의미를 이해할 수 있는 시간을 마련해야 합니다. 비전 공유라고 해서 거창할 필요는 없습니다. 다모임이 무엇이고,

왜 다모임을 해야 하는지, 다모임을 하면 어떤 점이 좋은지를 안내하면 됩니다. 또, 우리 학교 다모임의 방향에 대해 충분히 고민할 시간을 가져야 합니다. 다모임 자체에 대해 이야기 나눌 시간을 갖는 겁니다.

비전 공유는 이렇게

다모임 첫 시간에 저는 학생들에게 오리엔테이션을 했습니다. 다모임은 전교생이 함께 모여 협의를 하고, 생일 축하를 하며, 모둠끼리 미션을 해결하기도 한다고 했습니다. 일 년간의 활동이 대략적으로 계획되었다면 학생들에게 이야기해 줄 수도 있습니다. 다모임 활동에 대한 학생들의 질문을 받고, 일 년 동안 하고 싶은 활동에 대해서 말해 봅니다. 다모임 활동이 끝날 12월 즈음에는 일 년을 돌아보며, 다모임을 하면서 좋았던 점과 아쉬웠던 점을 생각해 보도록 합니다. 이런 과정을 통해 학생들의 의견을 반영하고, 학생들에게도 다모임 활동에 대해 보다 진지하게 고민할 기회를 줍니다.

선생님들과는 회의 시간을 이용하여 다모임에 대한 의견을 나눕니다. 12월에는 내년 다모임의 모둠 구성, 운영 날짜, 운영 시간, 꼭 필요한 활동을 이야기합니다. 당해에 다모임을 하면서 아쉬웠던 점, 보완할 점, 좋았던 점도 협의합니다. 이를 토대로 담당자는 계획서를 세우는데 여기서 끝나면 안 됩니다. 학교에는 수많은 업무가 있고, 다모임도 그중 하나이기 때문에 회의가 끝나면 선생님들의 머릿속에는 다모임에 대해 협의한 내용이 지워질 가능성이 높습니다. 담당자가 새로 세운 계획을 선생님들께 다시 한 번 안내하고, 수정할 사항을 받는 것이 좋습니다.

보통 학교에서는 한 학기에 한 번씩 교육과정 협의회를 하는데, 저는 그 기간을 활용하여 선생님들께 꼭 다모임에 대한 의견을 묻습니다. 다모임에 대해 긍정적인 의견이 있는 반면, 부정적인 의견도 있습니다. 담당자의 입장에서 쓴 소리를 듣는 것은 쉽지 않습니다. 저는 다른 업무에 비해 다모임에 많은 시간과 노력을 들입니다. 그럴만한 가치가 있는 일이라고 생각하기 때문입니다. 그래서 속상할 때도 있지만 이렇게 다양한 의견을 듣는 게 회의의 이유입니다. 모든 의견을 수용할 수는 없지만 '이런 의견도 있구나!', '앞으로 어떻게 하면 보다 나은 방향으로 나아갈 수 있을까?'를 한 번 더 고민하는 기회로 삼습니다.

시작은 느린 한 걸음으로

가끔 '내가 다시 다모임을 한다면?'이라는 생각을 해봅니다. 무수한 시행착오를 거쳐 현재까지 왔고, 다모임을 계속하는 한 앞으로도 분명 그럴 겁니다. 하지만 과거로 돌아간다면 반드시 비전 공유를 먼저 할 것입니다.

선생님들과는 우리 학교에 어떤 형태의 자치활동이 맞는지부터 어떤 방향으로 나아갈 건지 소소한 것 하나까지 의논해 보고 싶습니다. 시간이 많이 걸리더라도 말입니다. 사실 다모임에 대한 깊은 이해 없이 무작정 시작했기 때문에 중간중간 많은 고민을 할 수밖에 없었습니다. 도중에 협의를 통해 계속해서 보완해 나갔지만, 처음 함께 가치관을 세우고 한 걸음씩 나아가는 것과는 큰 차이가 있었습니다.

만약 다모임을 이제 막 시작하는 학교라면, 여러 번의 기회를 만들어 학생 및 선생님들과 다모임에 대해 이야기하는 시간을 가지라고 말씀드리고 싶습니다. 의견이 좀체 나오지 않거나 이야기가 산으로 가는 경우도 있을 겁니다. 하지만 이 모든 것은 교육공동체가 함께 한 걸음을 걸어 나가는 과정이라고 생각합니다. 처음에는 큰 흐름을 잡고, 다음에는 조금씩 가지를 만들며 세부적인 사항을 정해 나가세요. 우리 학교의 다모임은 어떤 가치를 우선할 것인가를 정하면, 어떤 활동을 할 것인지 하나씩 떠오를 겁니다.

이미 다모임을 운영하고 있는 학교라도 적어도 한 학기에 한 번 정도는 학생과 선생님들의 의견을 받고, 앞으로의 나아갈 방향을 공유하는 것이 좋습니다.

다모임은 학생과 함께하는 이중주와 같습니다. 어느 한쪽으로 치우치면 선율이 흐트러지게 됩니다. 다모임에 학생들이 중심이 되어야 하는 것은 맞습니다. 하지만 다모임 활동을 하면서 선생님들의 협조와 이해를 배제할 수는 없습니다. 그리고 선생님들과의 비전 공유가 되어야 선생님들도 다모임 활동에 관심을 가지고 참여할 수 있습니다. 그래서 학생과 선생님들의 의견을 고루 반영하는 것이 중요합니다. 한쪽 날개로만은 날 수 없기 때문입니다.

교육공동체의 가치가 실현되고 모두의 생각으로 만들어가는 다모임은 느리지만 분명 충분한 의미가 있습니다.

시스템이 중요한 이유

다모임은 다양성을 추구하는 자치활동입니다. 하지만 다모임을 다양하게 운영한다고 해서 매번 활동 방법을 바꾸는 것은 쉽지 않습니다. 회의를 통해 학생들과 선생님의 의견을 받고, 매주나 매달 이에 따른 계획을 세우면 교육공동체의 가치를 실현하는 데 더할 나위 없을지도 모르겠습니다. 하지만 시간은 한정되어 있습니다. 방법을 고민하는 데 너무 시간과 노력을 쏟으면, 정작 중요한 활동을 하는 데 쓸 시간이 모자랄 수도 있습니다.

우리 학교는 학생들이 무척이나 바쁩니다. 수업이 끝나고 나면 하교할 때까지 방과후 활동을 하기 때문입니다. 쉬는 시간에도 마찬가지입니다. 학생들이 수업시간 중 못 끝마친 활동을 마무리하거나 수업 준비를 하는 등 분주합니다. 이는 소규모 학교라면 대부분 비슷한 상황일 거라 생각합니다.

학교에서는 여러 가지 교육 활동을 하고 있고, 자치활동은 그중 일부입니다. 학생의 의견을 반영하여 학생 중심의 자치활동을 해야 한다고는 하지만 실질적으로 협의할 시간이 턱없이 부족한 형편입니다. 창의적 체험활동 시간 중 대부분을 자치활동에 배정할 수도 없는 노릇이고요. 그래서 저는 그 학교 상황에 맞는 시스템 도입이 필수라고 생각합니다. 시스템은 다모임이 보다 효율적으로 이루어지도록 돕습니다.

다모임의 절차 만들기

우리 학교의 다모임은 주제 정하기로 시작합니다. 그달에 어떤 주제로 활동을 할지 결정하는 것입니다. 주제는 그달의 특색에 맞는 것이나 학교생활을 하면서 잘 지켜지지 않는 점 등을 선정합니다. 우리 학교 교육과정을 운영하는 데 꼭 필요한 행사의 경우 선생님들과 협의하여 다모임 주제로 정합니다. 특정한 주제가 없는 경우에는 학생들과 어떤 주제로 활동할지 이야기를 나눕니다. 심도 있게 협의할 필요가 있을 때는, 사전모임과 실제 다모임의 주제를 비슷하게 합니다. 그렇지 않은 경우에는 사전모임과 다모임에서 서로 관련 없는 주제를 선정하기도 합니다.

사전모임은 다모임이 시작하기 10일 전쯤에 합니다. 우리 학교는 2교시 쉬는 시간이 20분으로 긴 편이어서 이 시간에 사전모임 주제를 의논합니다. 별도의 여유 교실이 없기 때문에 모둠 학생들은 모둠별 담당교사의 교실로 모입니다. 4개 모둠의 학생들이 각각 4개의 교실로 갑니다. 사전모임은 길지 않아, 되도록 짧은 시간 안에 협의할 수 있는 주제를 줍니다. 협의가 끝나면 모둠별로 협의한 결과를 다모임 시간에 발표할 사람을 정합니다. 학교 시설이나 교육 활동에 대해 건의사항이 있으면 이야기를 나눕니다. 마지막으로 모둠별로 간식을 먹고 정리합니다. 간식을 먹으면서 서로 친밀감도 느끼고 다모임은 즐거운 활동이라는 인식을 갖게 할 수 있습니다.

사전모임이 끝나면 각 모둠장은 협의한 결과를 가지고 다모임 담당 선생님께

갑니다. 학생들은 사전모임의 결과를 설명하고, 다모임 담당 선생님은 결과지를 보면서 뜻이 모호하거나 궁금한 내용 등을 묻습니다. 서로 의사소통이 원활하게 되어야 다모임 활동을 할 때 오해가 생기지 않기 때문입니다. 담당자는 4개 모둠에서 나온 협의 사항, 건의사항 등을 한데 모아서 교장·교감 선생님과 만남의 시간을 준비합니다.

<우리 학교 다모임의 시스템>

교장·교감 선생님과의 만남의 시간에는 모든 학생이 함께할 수는 없기 때문에 5~6학년 학생들이 학생 대표로 참석합니다. 이때는 사전모임에서 나온 결과와 건의사항을 교장·교감 선생님께 말씀드리고, 어떻게 해결할 수 있을지 함께 의논합니다. 이번 달 다모임에서는 어떤 활동을 할지도 미리 알려드립니다.

교장·교감 선생님과 만남의 시간을 하는 이유는 학생들과 관리자가 함께 이야기할 기회를 마련하기 위해서입니다. 아무리 학생들이 자치활동에 대해 좋은 생각과 학교에 대한 건의사항이 있어도 관리자의 협조 없이는 실행에 옮기기 어려운 경우가 있습니다. 만남의 시간을 통해 교장·교감 선생님께서는 학생 자치활동에 관심을 가지고, 학생들의 의견을 보다 긍정적으로 수용해 주셨습니다. 학생들이 낸 건의사항 중 반영할 수 있는 것은 하고, 그렇지 않을 때에는 자세한 이유를 들어 설명해 주셨습니다. 너그럽고 열린 마음의 교장·교감 선생님 덕분에 학생들은 만남의 시간을 즐거워했습니다.

다음으로는 다모임을 준비합니다. 모둠별 협의 결과를 2절지에 적고, 교장·교감 선생님과 만남의 시간에서 이야기 나누었던 건의사항의 결과도 정리합니다. 다모임장과 부다모임장은 다모임 회의 시나리오를 작성합니다. 학생주도 행사를 할 때는, 이때부터 본격적으로 행사 방법, 준비물, 역할 분담 등을 논의합니다. 다모임의 준비는 5~6학년 학생들이 주로 합니다.

다모임은 방학을 제외하고 매달 1회씩 총 9회 운영합니다. 학기당 1번씩 있는 선거까지 포함하면 총 11시간입니다. 다모임 시간에는 우선 모둠별 사전모임 결과를 발표합니다. 우리 학교에서 사전모임 때 모둠끼리 특정 주제에 따라 이야기를 나누고, 건의사항을 제안하고, 간식을 먹는 활동을 '미션'이라고 부릅니다. 사전모임에서 이야기 나온 결과를 각 모둠에서 한 명씩 나와서 발표합니다. 미션 발표가 끝난 후에는 건의사항 결과를 발표합니다. 부다모임장은 사전모임에서 나왔던 건의사항을 어떤 방향으로 해결했는지 알려주고, 수용할 수 없는 건의사항은 그 까닭을 이야기합니다.

이어서 생일 축하를 합니다. 생일 축하의 대상자는 학생, 선생님을 비롯해 교직원 모두를 포함합니다. 매달 생일을 맞으신 분들이 앞에 나오면 축하의 꽃을 전달하고, 생일 축하 노래를 불러 드립니다. 생일 축하가 끝나면 미리 계획된 다모임 활동을 합니다. 다모임 활동은 협의 활동, 학생주도 행사, 기념일 행사 등 다양하게 운영합니다.

우리 학교만의 방법을 찾아서

이 시스템은 3년여에 걸쳐서 만들어졌습니다. 1년 차에는 어떻게 다모임을 꾸려야 할지 몰라 시행착오를 많이 겪었습니다. 그때마다 절차를 바꾸고, 새로운 절차를 추가하기도 하면서 우리 학교 나름의 다모임 체계가 마련되었습니다. 다모임은 담당자 혼자 꾸려나가지 않습니다. 다모임을 하면서 학생들이나 선생님들께서 느낀 점을 토대로 하나씩 수정해 나갔습니다.

우리 학교의 절차는 지금도 완성되지 않았습니다. 학교 구성원에 따라, 또는 해마다 학교 상황에 따라 변할 수 있습니다. 그리고 다모임을 바라보는 교육 구성원들의 가치관이 달라지기도 합니다. 이것이 바로 다모임의 절차를 확정 지을 수 없는 이유입니다.

다모임을 막 시작할 때는 다양한 방법을 시도해 보게 됩니다. 그래서 처음에는 절차를 수정하는 횟수가 많을 수밖에 없습니다. 하지만 고쳐나가다 보면 어느 순간 점점 수정하는 횟수가 줄어들게 됩니다. 다모임의 시스템이 점차 우리 학교의 실정에 맞게 수정되어 가는 과정입니다.

다모임에 대해 교직원이 회의를 할 때도 처음에는 절차에 관련한 내용이 많을 수 있습니다. 가령 사전모임을 할 것인지, 다모임에서 생일 축하를 할 것인지 등을 논의하는 것입니다. 다모임의 횟수가 거듭될수록 다모임의 절차도 안정화되고, 보다 내실 있는 방향으로 협의도 하며 다모임을 운영할 수 있습니다.

'백문(百聞)이 불여일견(不如一見), 백견(百見)이 불여일행(不如一行)'이라고 합니다. 미리 모든 절차를 완벽하게 짜놓는 것도 좋지만, 일단은 다모임을 시작해 보기를 권합니다. 처음에는 다소 낯설고 어렵겠지요. 그러나 지속적으로 시도하고 수정해 나가는 과정에서 우리 학교만의 다모임 절차가 서서히 윤곽을 드러낼 거라고 생각합니다.

정답은 없다

다모임에 정답이 있다고 생각하시나요? 프롤로그에도 적었다시피, 저는 정답이 없다고 생각합니다. 다모임은 각 학교의 특성에 맞게 자율적으로 운영하면 되기 때문입니다.

물론 다모임에 빠지면 안 되는 요소가 있습니다. 다모임은 초등교육과정의 자치활동 시간으로 실시됩니다. 단순한 모임 이상의 기능을 해야 합니다. '성숙한 민주시민으로 살아갈 수 있는 역량'을 기르는 활동이 반드시 포함되어야 합니다. 저는 그게 협의 활동이라고 생각합니다.

그러면 다모임 시간에 협의만 하면 될까요? 다모임 시간마다 계속 협의만 하면 학생들은 흥미를 느끼지 못합니다. 다모임은 학생들에게 즐거운 시간이 되어야 합니다. 그래서 협의 활동과 더불어 친목 활동, 역할분담 활동 등이 적절히 조화를 이루도록 하면 좋습니다. 이외에 어떤 활동을 넣든지, 어떤 형식으로 운영하든지 각 학교에서 결정할 몫입니다.

교육과정에는 반드시 달성해야 할 목표가 있고, 그 목표를 추구하는 방법은 제각각일 수 있습니다. 그래서 저는 방법적인 측면에서 다모임이 열려 있다고 생각합니다. 다모임에 정답이 없다고 여기는 것도 이런 이유입니다.

다모임을 향한 다양한 시선

다모임을 하면서 제가 가장 많이 들었던 질문은 '굳이 이렇게 다모임을 하지 않아도 되지 않나요?'라는 말이었습니다. 굳이 전교생이 넓은 어울림터에 모이지 않고 교실에서 다모임을 해도 되지 않을까, 담당자 혼자 학생들을 데리고 운영해도 되지 않을까, 전교생을 대상으로 생일 축하를 하지 않아도 되지 않을까 하는 등의 문제였습니다.

선택지가 많으면 고민도 많아집니다. 이것도 맞고, 저것도 틀리지 않을 때는 더욱 그렇습니다. 학교 행사를 다모임 학생들이 준비해서 운영하자거나, 학생들의 활동 비중을 더 높이자는 의견 등은 모두 다모임을 바라보는 관점의 차이에서 발생했습니다. 그만큼 학교 내에서 다모임에 대한 관심이 높다는 반증이기도 합니다. 그리고 이런 의견들은 모두 다모임의 건전한 발전을 목표로 하고 있었습니다.

문제는 현재 상황에서 얼마만큼 수용할 수 있는가 하는 것입니다. 또 우리 학교 다모임에서 추구하는 가치와 얼마만큼 맞는지도 중요합니다. 아무리 다른 학교에서 하는 활동이 좋아 보여도 우리 학교의 상황에 맞지 않으면 무용지물입니다.

학생들의 상태도 고려해야 합니다. 다모임을 하면서 '학생 중심'이라는 말을 수없이 들었습니다. 하나에서부터 열까지 학생들이 해야만 학생 중심이라고 생각하는 경우도 있습니다. 진정 학생 중심을 실현하려면 학생들이 다모임을 추진할 수 있는 충분한 시간이 있어야 합니다.

우리 학교의 여건을 보면 학생들은 체험학습, 학생 동아리, 방과후 활동 등으로 매우 바쁩니다. 이런 상황에서 다모임을 학생 중심으로 운영해야 하니, 모든 것을 학생들에게 맡겨둘 수는 없습니다. 초등학생의 특성상 담당교사가 옆에서 도와줄 부분도 있고요. 이런 경우에는 담당교사가 학생들이 스스로 할 수 있는 부분을 적절하게 안배하는 요령도 필요합니다. 다모임 활동의 일부를 학생 중심으로 운영하더라도 학생이 스스로 생각하고 결정할 기회를 주는 것이 중요합니다.

다모임의 다양한 운영 형태

현재 소규모 학교에서는 전교 어린이 회의보다는 다모임을 주로 합니다. 자치활동을 다모임으로 대신하는 편이지요. 제가 근무하는 지역에도 수많은 소규모 학교가 있습니다. 그럼에도 운영방법에 대한 구체적인 공유는 드문 실정입니다. '다른 학교는 이렇게 한다'는 이야기를 전해 듣고, '그럼 우리 학교도 이런 활동을 해볼까?' 하는 경우가 많습니다.

그럼 다모임은 주로 어떤 형태로 운영되고 있을까요? 우리 학교와 다른 학교에서 운영된 다모임의 몇 가지 사례를 항목을 나누어서 정리해 보았습니다. 다모임의 형태는 크게 협의 중심, 친목 활동, 학생주도 행사, 계기 활동, 교육과정 연계 등으로 나눌 수 있습니다.

협의 활동은 특정 주제에 대해서 학생들이 서로의 생각을 공유하는 활동을 말합니다. 모둠별로 이루어질 수도 있고, 전체 학생을 대상으로 할 수도 있습니다. 대표적인 것으로는 학교 인사말 정하기가 있는데, 우리 학교에서는 매년 3월이면 새로운 학교 인사말을 정합니다. 각 모둠에서 제시한 인사말과 그 까닭을 듣고 난 후에 스티커를 이용해서 투표를 합니다. 어울림터 사용과 관련된 문제에 대해 이야기 나누고, 올해 우리 학교 방과후 학교에 대해서도 생각할 시간을 갖기도 합니다.

친교 활동은 학생들이 서로 친밀감을 느끼고, 다모임이 즐거운 활동이라는 인

형태	활동 개요	활동 내용(예시)
협의 중심	모둠별, 또는 전체 학생이 한데 모여 특정한 주제에 대해 의견을 공유함	• 우리 학교 인사말 정하기 • 학교 행사에 대한 의견 제안 : 체육대회 운영 방향, 방과후 학교 운영 방안 등 • 기본 생활 습관에 대한 협의 : 어울림터 정리정돈, 선후배 간 다툼 등 • 올해 방과후 학교 / 교육 활동에 대한 의견 • 올해 우리 학교 TOP3 활동 뽑기
친교 활동	학생들이 서로 친밀감을 느끼고 즐거운 경험의 기회를 제공함	• 친목 도모 활동 : 풍선 배구, 스티커 가위바위보 등 • 간식 나눔 • 생일 축하 • 교실 탈출 게임
학생주도 행사	학생들이 행사의 방향과 운영방법 등에 대해 협의하고, 준비하여 실제로 행사를 진행해 봄	• 스승의 날 기념행사 • 할로윈데이 / 크리스마스 부스체험 • '몸으로 말해요' 게임 • 재능기부 활동
계기 활동	기념일과 관련된 활동을 하면서 학생들이 기념일의 의미를 되새겨 보게 함	• 호국보훈의 날 : 우리 모둠만의 태극기 만들기 등 • 추석을 맞이하여 : 큰절하는 법 서로 가르치고 배우기, 즐겁고 건강하게 추석을 보내는 방법 알기 등 • 한글날 : 우리말 맞춤법 퀴즈, 세종대왕 피규어 만들기 등
교육과정 연계 활동	교과나 창의적 체험활동과 연계하여 다모임 활동을 진행함	• 교과 연계 활동 : 독서 골든벨, 작가와의 만남 등 • 모둠원과 함께 하는 체험학습 : 모둠원이 계획하여 함께 체험 학습하기 • 교내 봉사활동 : 학교 벽면 꾸미기 등

<다모임의 다양한 운영 형태>

식을 갖게 하는 데 목적이 있습니다. 학기 초에는 풍선 배구, 스티커 가위바위보 등의 친교 활동을 꼭 하면 학생들의 마음이 열리는 긍정적인 효과가 있습니다.

매달 생일 축하나 간식 나눔을 하는 것도 친교 활동의 일환입니다.

학생주도 활동은 행사의 계획부터 준비, 실행에 이르기까지 학생이 주도적으로 참여하는 활동을 말합니다. 우리 학교에서 학생주도 활동은 대개 5~6학년 학생들이 주로 합니다. 전교생이 모두 참여하기에는 어려움이 있다고 판단했기 때문입니다. 그래서 5~6학년이 준비한 행사를 유치원과 1~4학년 학생들이 참여하는 형식으로 진행합니다. 할로윈데이나 크리스마스 때는 부스체험을 했고, '몸으로 말해요' 게임을 준비해서 실시하기도 했습니다.

계기 활동은 기념일과 관련된 활동을 하면서 학생들이 기념일의 의미를 되새겨 보게 하기 위한 것입니다. 우리 학교는 6월 호국보훈의 달을 맞이하여 통일이 되면 하고 싶은 것, 통일이 되면 좋은 점 등에 대해 이야기를 나누고 모둠별로 특색 있는 태극기 만들기 활동을 하였습니다. 한글날에는 올바른 한글 맞춤법 퀴즈를 하고, 세종대왕 피규어 만들기를 하도록 키트를 나누어 주었습니다.

교육과정 연계 활동은 교과나 창의적 체험활동과 연계하여 다모임을 진행하는 것입니다. 예를 들어 국어 교과와 연계하여 독서 골든벨이나 작가와의 만남을 할 수 있습니다. 체험학습을 갈 때 모둠별로 협의하여 체험학습 장소에 도착한다든가, 함께 학교 벽면을 꾸미는 등의 활동을 할 수 있습니다.

이외에도 자치활동과 밀접한 리더십 강의 듣기 등 다양한 형태로 다모임이 운영될 수 있습니다. 다모임의 목적에 맞다면 학생들에게 협의할 기회를 주고, 경험의 폭을 넓히며, 서로 상호 작용하고 즐겁게 활동할 수 있도록 하는 등 어떤 형태든지 가능하다고 봅니다. 한 가지 형태에 집중할지, 여러 방식의 다모임을 어떤 비율로 구성할 것인지는 학교에서 협의를 통해 결정해야 합니다.

성장을 부르는 전체 공개의 원칙

어느덧 13년 차의 교사이지만, 수업공개는 매번 긴장됩니다. 혹여나 실수하지는 않을까, 선생님이나 학부모님께서 수업에 대해 부정적으로 생각하지 않을까 싶지요. 매일, 매시간 수업을 하건만 공개를 한다고 생각하면 부담감을 떨칠 수 없습니다. 다른 사람들의 시선을 외면하기 어렵기 때문입니다.

처음 다모임을 시작하면서 전교생과 전 교직원을 대상으로 실시하자고 했을 때, 걱정이 앞섰습니다. 저는 앞에 나서는 것을 좋아하지 않습니다. 다모임 시간에 학생들이 진행을 하기는 하지만, 제가 나서서 이야기할 몫도 있습니다. 다모임 시간만 되면 학생들과 선생님들 앞에 나서야 한다는 것이 참 곤혹스러웠습니다.

하지만 돌이켜보면 다모임을 넓은 장소에서 공개적으로 진행하기를 참 잘했다는 생각이 듭니다. 저 한 사람의 부끄러움을 넘어서니, 다모임을 공개했을 때의 장점들이 보였습니다. 교실에서 다모임을 하는 것보다 준비할 것도 많았지만, 이 학교에서 제가 다모임을 맡는다면 쭉 전체 공개의 원칙을 지켜야겠다고 다짐했습니다.

다모임을 공개해야 하는 이유

그럼 왜 다모임을 공개적으로 운영해야 하는지 이야기해 보겠습니다.

첫째, 다모임은 공적인 일입니다. 학교는 공교육을 실현하는 기관입니다. 따라서 학교에서 이루어지는 교육 활동은 모두 공적인 일입니다. 다모임의 담당자로서 저 또한 자치활동의 목적에 맞게 다모임을 구현하려고 노력합니다. 그래서 전교생이 함께 모여서 하는 다모임 활동에 학교에서 근무하는 교직원이라면 누구나 참여할 수 있도록 했습니다.

둘째, 학생들의 참여하는 태도가 달라집니다. 교실은 전교생이 모두 들어가기에 비좁습니다. 교실에 의자를 다닥다닥 붙여 놓고 앉거나, 바닥에 매트를 깔아야 하는데 둘 다 협소하기는 마찬가지입니다. 공간이 좁으면 학생들이 여러 가지 활동을 하는 데도 제약이 따릅니다. 교실이 아닌 넓은 공간에서 학생들은 보다 자유롭고 활기차게 활동합니다. 많은 사람이 지켜보는 가운데 발표를 하는 것도 학생들의 발표력 신장에 도움이 됩니다. 전 교직원과 전교생의 생일 축하를 받는 학생들의 기분은 이루 말할 수 없겠지요. 그래서 우리 학교는 넓은 공간인 어울림터에서 다모임을 공개적으로 실시합니다.

셋째, 다모임에 대한 선생님들의 관심이 높아집니다. 교실에서 전교 어린이 회의를 했을 때, 회의에 대해 궁금해 하거나 관심을 보이는 선생님은 없었습니다. 담당자가 으레 알아서 잘 했거니 하고 생각한 겁니다. 그러다 보니 회의 내용이 공유도 되지 않고, 학생들이 어떤 생각을 가지고 있는지도 알기 힘들었습니다. 하지만 다모임을 하면서 선생님들은 그 자리에서 학생들이 어떤 생각을 가지고 어떤 모습으로 활동을 하는지 바로 알 수 있게 되었습니다. 그만큼 다모임에 대한 관심도 높아지고, 회의 내용에 대해서도 모두 공유할 수 있었습니다. 선생님들이 자치활동에 다양한 의견을 제시하기 시작한 것도 다모임을 실시한 이후입니다.

넷째, 담당자도 다모임에 더욱 신경을 쓰게 됩니다. 매달 다모임을 꾸준히 하는 것은 쉽지 않습니다. 담당자도 때론 지칠 때가 있습니다. 그럴 때 초심으로 돌아가 다모임 활동을 충실히 운영하도록 도와준 것이 바로 전체 공개의 원칙이었습니다. 담당자 한 사람에게는 다모임이 한 시간에 불과할지도 모르지만, 50명이 모이면 그 한 시간이 50시간의 가치를 지닙니다. 그래서 모두의 시간을 보다 의미 있게 하기 위한 방안을 꾸준히 고민하게 되었습니다.

다섯째, 다모임의 업무의 연계성을 확보하기 위해서입니다. 초등학교의 경우 1~2년을 주기로 담당 업무가 바뀌는 경우가 많습니다. 만약 담당자 혼자 다모임을 진행한다면, 다음 해에 담당자가 바뀌었을 때 혼란스러울 수밖에 없습니다. 어떤 방향으로 진행을 해왔는지, 학생들은 어떤 모습으로 활동에 참여하는지 알지 못하기 때문입니다. 다모임을 공개하면 전체적인 다모임의 흐름이나 운영 방향 등을 모두 보아서, 다음 해에 누가 다모임을 맡더라도 보다 수월하게 흘러갈 수 있습니다.

3년간 다모임을 운영하면서 전체 공개의 원칙을 지켜왔습니다. 전체 공개의 원칙이 우리 학교 다모임이 충실하게 운영되는 데 기여를 한 것만은 확실합니다.

하지만 다모임을 무조건 공개해야 한다는 규칙은 없습니다. 교실에서 진행을 하되, 관심 있는 선생님들께서 자율적으로 참여하도록 해도 됩니다. 학교 여건상 담당자 혼자 다모임을 운영해야 한다면 그 방법도 틀리지는 않습니다. 억지로 전체 공개의 원칙을 적용해서 다모임이 누군가에게 큰 부담이 되거나, 힘겨운 활동이 된다면 차라리 이 원칙을 지키지 않는 편이 낫습니다.

학생이 우선이다

다모임의 주인공은 학생입니다. 그래서 학생들이 스스로 할 수 있는 활동을 생각해서 다모임에 꼭 포함하는 것이 좋습니다. 모든 다모임 활동을 학생들이 주도적으로 하기 힘들더라도 활동 중 일부는 반드시 학생들이 주체가 될 수 있어야 합니다. 학생이 주체가 된다는 말의 의미는 다른 사람의 도움 없이 학생들 스스로 생각하고, 판단하여 실행에 옮길 수 있어야 한다는 뜻입니다.

또한 학교에서는 학생들이 다모임을 원활하게 할 수 있도록 여건을 만들어 주어야 합니다. 학생들이 아무리 좋은 의견을 제시해도 받아들여지지 않는다면, 학생들은 그 필요성을 인식하지 못할 것입니다. 학생들이 모둠 협의를 할 물리적·정서적인 환경을 조성하는 것도 중요합니다.

학생 중심의 덫에 빠지지 않는 것도 필요합니다. 최근 자치활동이 강조되면서 학생에게 최대한 많은 권한을 주어야 자치활동이 잘 이루어지는 것처럼 여기는 경향이 있습니다. 담당교사는 학교의 여건을 고려하여 시대적 요구를 선택적으로 받아들여야 합니다.

학생 주도적 활동 찾기

학교에서는 다모임에서 어떤 부분을 학생 주도적으로 할 것인지 정할 필요가 있습니다. 담당자 혼자 생각하기 힘들다면 동료 선생님들의 조언을 구하는 것도 좋습니다. 매번 이루어지는 다모임 활동에서 1~2가지 활동 정도는 오롯이 학생들이 해 나가도록 해야 합니다.

우리 학교에서는 사전모임을 학생들끼리 꾸려 나갑니다. 사전모임은 보통 다모임을 시작하기 7~10일 전에 합니다. 중간놀이 시간에 학생들이 4개의 교실에 모둠별로 모입니다. 20분 동안 담당교사가 미리 준 미션 활동지를 활용하여 협의도 하고, 건의사항도 모읍니다. 모둠별로 담당교사가 배정되어 있기는 합니다. 하지만 이 시간만큼은 담당교사의 지도 없이 학생들끼리 협의합니다. 모둠별 담당교사는 협의가 너무 원만하게 이루어지지 않을 때만 학생들을 독려합니다.

사전모임의 결과를 2절지에 적어 발표하는 것도 학생들의 몫입니다. 모둠이 협의한 결과를 구조화하고, 정리하여 발표하기까지 모두 학생들이 합니다. 발표는 모둠 내에서 돌아가면서 하는데 모둠에서 순서를 정합니다. 1학년 학생도 예외 없이 앞에 나와 모둠 협의 결과를 발표해야 하지요. 이는 실제 다모임을 할 때 모둠별로 협의를 하고, 협의 결과를 발표할 때도 마찬가지입니다. 선생님들은 학생들이 협의하는 모습을 지켜보고 모르는 내용을 알려주거나, 모둠 내 협의가 원활하지 않을 때만 최소한으로 개입합니다.

우리 학교에서는 다모임 시간에 다모임장과 부다모임장이 사회를 봅니다. 미션 결과 발표, 건의사항 발표, 생일 축하까지 학생 대표가 진행을 합니다. 이후에 이루어지는 모둠별 협의나 월별 활동은 학생 대표도 모둠의 구성원으로 함께 참여합니다. 다모임장과 부다모임장이 진행을 하다 보니 시나리오가 필요합니다. 학생 대표에게 처음부터 끝까지 매번 시나리오를 짜라고 하는 것은 무리입니다. 우리 학교의 경우 다모임의 대략적인 순서가 정해져 있으므로 예시안을 주고, 그달의 상황에 맞게 수정하거나 바꾸도록 합니다.

한 학기당 한 번 정도는 학생주도 행사를 하는 것도 추천합니다. 우리 학교가 지금까지 추진해 온 학생주도 행사로는 '몸으로 말해요' 게임, 할로윈데이 부스 체험, 크리스마스 부스체험, 스승의 날 기념행사, 영화 동아리 시사회, '긁으면 쏟아진다' 활동이 있었습니다. 스스로 계획하고 준비하며 실행하는 과정에서 학생들은 즐거움과 보람을 느낍니다. 단순히 수치로 산출할 수 없는 내적인 성장은 덤으로 일어나게 됩니다.

학생의 입장에서 생각하기

처음 다모임을 꾸리려고 할 때 준비했던 것은 모둠 책상과 매트였습니다. 우리 학교는 강당을 어울림터라고 부릅니다. 어울림터에서 다모임을 진행해야 했기 때문에 모둠별 학생이 앉을 수 있는 매트와 둘러앉아 생각을 정리할 수 있는 모둠 책상이 필수였습니다. 하지만 다모임을 해 본 경험이 없기 때문에 자치활동 예산 또한 충분히 확보되지 않은 상태였습니다.

그때, 교감 선생님께서는 이렇게 말씀하셨습니다.

"매트는 비싸도 좋은 것으로 사세요."

싼 매트를 사면 금방 헤어질뿐더러, 학생들이 활동하기 불편할 수 있다는 이유였습니다. 그리고 매트뿐 아니라, 책상 또한 가격이 나가더라도 학생들이 쓰기 편한 것을 사용하라고 하셨습니다. 그 말이 저에게는 신선한 충격이었습니다. 예산에 맞추기보다 학생을 먼저 생각하는 모습에 감명을 받았습니다.

어찌 보면 우리 학교에서 다모임 활동을 활발하게 할 수 있었던 것은 학생의 입장에서 생각하고, 다모임을 긍정적으로 바라보는 관리자가 계셨기 때문입니다. 그 이후로도 다모임 활동에 필요하다고 말씀드리면 다른 이유는 묻지도 않고, 물건을 구매하도록 해 주셨습니다. 이는 다모임에서 새로운 활동을 계획해서 실행하고자 할 때도 마찬가지였습니다. 관리자의 역할이 학교 교육 활동을 지원하는 데 있다고 생각하면 당연한 일이라 여길 수도 있지만, 실은 그렇게 단순하지 않습니다. 관리자의 말 한마디에 자유로운 교육 활동에 제약을 받을 수도 있는 것이 현실입니다.

이렇게 학생의 눈높이에서 바라보는 교장·교감 선생님이 계시면 담당자도 다모임을 운영할 때 학생의 입장을 먼저 생각하게 됩니다. 제가 미처 고려하지 못한 부분들은 관리자나 동료 선생님의 조언 등을 참고해서 학생이 존중받는 다모임을 만들어 나가려고 노력하게 되었습니다.

한 가지 아쉬운 점은 자치활동 전용실이 없다는 것입니다. 다모임에 참여하는 학생들의 입장에서 생각하면 자치활동실은 꼭 필요합니다. 주로 다모임을 이끌어 나가는 5~6학년 학생들이나 각 모둠 학생들이 자유롭게 모여서 협의도 하고, 친목도 도모할 수 있는 장소 말입니다. 안타깝게도 우리 학교의 여건상 유휴 교실이 없어서 다모임 교실을 설치하지는 못했습니다. 하지만 다모임의 활성화를 위해서 다모임 교실의 설치는 필수입니다. 다모임 교실이 있으면 학생들이 모이고 싶을 때 언제든지 모일 수 있습니다. 저는 필기도구와 흰 종이, 간식이 준비된 다모임실을 꿈꿉니다. 교사의 시선을 벗어난 장소에서 학생들이 보다 능동적이고 자율적으로 움직일 수 있다고 믿기 때문입니다.

현실과 이상의 갭(GAP) 메우기

최근 공문으로 자치활동의 실태에 대한 보고를 했습니다. 자치활동 운영 시간과 더불어 학교운영위원회의, 교직원 회의에 학생들이 참여하는지 여부도 포함되어 있었습니다. 또, 자치활동 예산편성권을 학생들에게 주는지도 조사 대상이었습니다. 이 항목들을 지켜야 학교에서 올바르게 자치활동을 하고 있다고 여겨지는구나, 싶었습니다. 그리고 우리 학교도 운영위원회의와 교직원 회의에 학생들을 한두 번이라도 참여시켜야겠다는 생각이 들었습니다.

한편으로는 우리 학교 학생 대표가 운영위원회의나 교직원 회의에 참여시키는 것이 의미가 있나 싶습니다. 고등학생의 경우 학생들이 인지적으로 발달하고, 사회의 여러 문제에 관심이 있을 수 있습니다. 하지만 운영위원회의나 교직원 회의에서 오가는 이야기들을 초등학생이 이해하고, 의견을 제시하기에 적합한가 의문이 듭니다. 때로는 저조차 사안이 이해가 잘되지 않거나, 이해가 되어도 의견을 내기 힘들 때가 있기 때문입니다. 구색을 맞춰 학생 대표가 회의 장소에 참석할 수는 있으나, 질적으로 의미 있는 시간을 보낸다는 관점에서는 회의적입니다.

우리 학교의 현실을 고려한다면, 학생의 의견이 필요한 사안은 사전모임이나 다모임에서 이야기를 나누어도 충분합니다. 학생들의 의견을 모아 최대한 반영하기 때문입니다. 또 교장·교감 선생님과 만남의 시간에 학생들은 안건 이외에도 대화를 통해 자신의 생각을 교장·교감 선생님께 전달하기도 합니다. 운영위원회의나 교직원 회의의 안건 중 학생의 의견을 수용하기 어려운 부분이 있고, 학생들에게도 이런 회의 자리는 힘들고 불편합니다. 그래서 저는 기준에 무조건 따르기보다는 학교 여건에 맞게 변경해서 운영하는 것이 제일 좋다고 생각합니다.

자치활동에 대해 시대적으로 요구하는 바는 분명히 있습니다. 문제는 그 기준이 초·중·고의 특성이나 학교의 여건에 맞게 주어지지 않는다는 점입니다. 전체에 공통적으로 기준이 적용되려면 어쩔 수 없는 부분이기는 합니다. 하지만 기준과 현실 사이에 존재하는 차이의 폭을 해소할 수 있는 사람이 바로 담당교사입니다. 학교 현실에 맞추어 간소하게 운영하거나, 의무가 아니라면 과감하게 생략하는 방법을 택할 수 있습니다.

예를 들면 운영위원회의나 교직원 회의 때 일 년에 1회 정도만 학생 대표를 참여하게 하는 것도 방법이 될 수 있습니다. 운영위원회의의 경우 안건이 많은 12월과 2월은 피하는 것이 좋습니다. 어려운 용어와 예산 관련 사안들은 학생들에게 매우 낯섭니다. 안건이 적은 7월이나 11월 등을 활용하여 학생들에게도 사안에 대한 의견을 물어보면 학생들이 운영위원회의의 장벽을 낮게 느낄 수 있습니다.

교직원 회의는 내년도 행사를 계획하거나, 학생들의 의견이 필요한 현안을 논의할 때 학생 대표를 참여하게 하는 것이 좋습니다. 현실적으로 모든 교직원 회의에 학생들이 참여하는 것은 불가능합니다. 학생들이 의견을 최대한 반영할 수 있는 안건을 다룰 때, 학생 대표의 의견을 묻는 것이 바람직합니다.

자치활동의 예산은 학교 기본운영비의 1%를 확보하도록 하고 있습니다. 우리 학교의 경우 자치활동 예산이 180만원가량 됩니다. 그 예산을 모두 학생들에게 편성하라고 하기에는 무리가 있습니다. 그래서 기본적으로 다모임에 소요되는 경비를 제외하고 학생들이 쓸 수 있는 범위에서만 선택권을 줍니다.

우리 학교는 항목을 다모임 운영비, 학생주도 행사비, 학생협의회 운영비로 나눕니다. 다모임 운영비는 기본 물품이나 생일 축하 준비, 미션 활동 상품 등에 필요한 경비입니다. 학생협의회 운영비는 학생들이 협의를 하는 중 필요한 물품이나 다과를 구입하는 데 씁니다. 학생들이 실질적으로 편성할 수 있는 항목은 바로 학생주도 행사비입니다. 이 예산만큼은 학생들이 행사를 계획하고 필요한 물건을 사는 데 자유롭게 사용합니다. 어떤 물건을 얼마만큼 살지 결정하는 것입니다. 그리고 큰 문제가 없는 한 학생들이 결정한 사항을 그대로 존중하는 편입니다.

자치활동을 운영하면서 느낀 점은 자치활동에 대한 기대나 이상이 높다는 점입니다. 학생들이 스스로 할 수 있는 여건을 만들어 주는 것은 매우 중요합니다. 하지만 학교의 현실과 학생들의 발달단계를 고려해야 합니다. 학생 중심이라고

해서 하나부터 열까지 학생들이 자치활동을 꾸려가기는 힘듭니다. 특히나 우리 학교처럼 1학년부터 6학년까지 전교생이 참여하는 농어촌 소규모 학교의 다모임은 더욱 그렇습니다. 의무적으로 지켜야 하는 사안이 아니라면, 무리해서 이상을 충족시키려고 하기보다 학교의 여건에 맞게 자치활동을 운영하는 것이 현명한 선택이 아닐까 싶습니다.

머리는 모을수록 낫다

'백지장도 맞들면 낫다'라는 속담이 있습니다. 어떤 일을 할 때 조그만 힘이라도 함께하면 도움이 된다는 뜻입니다. 이는 물리적인 힘만을 의미하지 않습니다. 함께 문제를 고민하고 해결책을 찾는 집단지성을 나타내기도 합니다.

혼자서는 아무리 고민해도 찾을 수 없었던 문제의 실마리를 여럿이서 이야기하다 보니 어느새 해결된 경험이 다들 있을 겁니다. 또한 내가 미처 생각지 못했던 부분이나 다른 관점의 이야기에서 새로운 해결책을 찾기도 하지요. 그래서 함께 생각을 모으는 것은 참 중요합니다.

다모임은 집단지성을 기반으로 합니다. 공동체의 문제에 대하여 전교생이 함께 모여 협의하는 활동을 포함하기 때문입니다. 다모임을 어떻게 운영할 것인지 교직원이 논의하는 과정 또한 집단지성의 발현이라고 볼 수 있습니다.

집단지성 ≠ 최적의 결론

집단지성을 활용하면 항상 최적의 결론에 도달할까요? 물론 도달할 가능성이 높습니다. 한 사람의 생각보다는 여러 사람의 생각에서 다양하고 창의적인 이야기들이 나오곤 하지요. 하지만 때로는 이야기가 허망하게 흘러갈 때도 있습니다.

'사공이 여럿이면 배가 산으로 간다'는 속담처럼 여러 사람의 의견을 절충하는 동안에 오히려 목적과는 다른 결론에 도달하기도 합니다. 새롭지만 매우 번거롭다고 여겨지는 결론을 도출할 수도 있고요. 그럼에도 불구하고 저는 다모임에서 이 집단지성을 꼭 활용해야 한다고 봅니다. 그 이유는 다음과 같습니다.

첫째, 다모임은 모두가 참여하기 때문입니다. 한두 사람의 의견만 필요하다면 굳이 다모임을 할 필요가 없습니다. 우리 학교의 경우 다모임에 전교생이 참여하기 때문에 각자 의견을 피력할 수 있는 기회를 제공합니다. 5~6학년 학생들이 보기에 1~2학년의 의견은 유치하거나 비현실적일지도 모릅니다. 초등학교 단계에서는 1, 2년 사이에도 사고의 폭이 매우 커지기 때문입니다. 하지만 저학년이 참여하는 한, 저학년도 모임의 구성원으로서 자신의 생각을 자유롭게 이야기할 수 있어야 합니다. 저학년 학생의 의견에서 학교생활을 변화시키는 데 중요한 단서를 찾을 때도 있습니다.

둘째, 늘 올바른 판단이 옳은 것은 아닙니다. 다모임은 교육 활동입니다. 실패와 시도도 교육의 일환입니다. 시행착오를 줄이면 좋기는 합니다. 하지만 때로는 잘못한 선택이 어떤 결과를 불러일으키는지, 이를 어떻게 수정해 나가면 좋을지 학생들이 스스로 판단하고 결과를 책임지게 하는 것이 좋습니다. 막연하게 생각할 때는 좋은 의견 같지만, 실제로 해 보면 예상과는 다른 결론을 얻는 경우도 종종 있습니다. 하지만 학생들이 협의를 통해 결론을 도출해 내는 과정 자체에 의미를 두어야 합니다.

셋째, 집단지성은 의사소통능력을 신장시키는 데 효과적입니다. 민주시민역량 중 대표적인 것은 바로 의사소통능력일 것입니다. 미래사회를 살아갈 우리 아이들에게 의사소통능력은 필수라고 볼 수 있습니다. 이는 특정 주제에 대해 자신의 생각을 말하고, 다른 사람의 이야기를 귀담아들으며, 합리적으로 문제를 해결해 나갈 때 길러집니다.

다모임에 집단지성이 필요한 이유는 다모임이 서로 소통하면서 발전할 수 있기 때문입니다. 조금 서툴거나, 예상치 못한 결론에 도달하더라도 집단지성이 의미 없음을 뜻하지는 않습니다. 다모임에서는 함께 이야기하고, 문제에 대해 고민해 나가는 과정이 중요합니다. 늘 옳은 선택을 하면서 살 수는 없으니까요.

우리 학교는 집단지성을 어떻게 활용할까?

지금부터는 우리 학교에서 집단지성을 어떻게 활용하는지 말씀드리겠습니다. 먼저, 학생들부터 말씀드리겠습니다.

학생들은 사전모임이나 본모임에서 특정 주제에 대해 이야기를 나눕니다. 예를 들어 올해 11월에는 2019년 방과후 학교의 좋은 점과 2020년 방과후 학교에서 하고 싶은 프로그램에 대해 이야기를 나누었습니다. 한 해 동안 방과후 학교 프로그램을 해보았기 때문에, 보다 쉽게 자신의 생각을 말할 수 있습니다. 이렇게 모인 모둠의 의견은 그달의 다모임에서 모둠별로 발표합니다. 방과후 학교 담당 선생님께서는 학생들의 의견과 교직원 회의 결과 등을 참고하여 다음 해 방과후 학교 계획을 수립할 때 활용합니다.

우리 학교 인사말을 정할 때도 모둠별로 협의하여 1~2가지 인사말을 추천합니다. 물론 인사말을 추천하는 까닭도 포함되어야 합니다. 모둠별로 추천하고 싶은 인사말과 까닭을 들은 후에 투표를 통해서 올해 우리 학교의 인사말을 정합니다. 때로는 우드락에 인사말과 그 까닭을 붙여 놓고 스티커 투표를 해서 결정하기도 합니다.

집단지성이 가장 빛을 발할 때는 학생주도 행사입니다. 5~6학년 학생들이 어떤 주제로 행사를 운영할지, 어떤 프로그램으로 구성할지 등을 협의합니다. 필요한 준비물이라든가 안내판 등도 학생들이 직접 만듭니다. 역할 분담과 진행까지 모두 학생이 하며, 담당교사는 학생에게 조언을 한다든지 필요한 물건을 구입하는 등 최소한의 역할만 합니다.

2018년에 우리 학교에서는 크리스마스 부스체험을 학생주도 행사로 진행했습니다. 학생들은 산타 할머니와 가위바위보, 미스터리 모자, 트리에 소원 걸기, 크리스마스 관련 색칠 활동, 포토존 등 부스를 구상했습니다. 부스 안내판을 만들고, 필요한 물건 및 의상, 소품 등을 신청했습니다. 5~6학년 학생들이 애쓴 덕분에 유치원과 1~4학년 학생들이 즐겁게 부스체험을 할 수 있었습니다.

이는 교직원 협의도 마찬가지입니다. 학기 초와 학기 말에 다모임에 대한 선생님들의 의견을 묻거나, 담당자 혼자 판단하기 어려운 문제에 대해 선생님들과 협의합니다. 담당자 혼자 모든 걸 결정하면 선생님들께서 오히려 다모임에 관심을 갖지 않거나, 결정된 사항에 불만이 있을 수 있습니다. 선생님들도 충분히 의견을 낼 수 있도록 하는 것이 담당자의 역할입니다.

집단지성은 다모임의 꽃입니다. 훌륭한 결론에 도달하는 것보다는 여럿이 이야기를 나누는 과정에서 학생들은 성장합니다. 다모임에서 학생들이 이야기 나눌 기회를 많이 주세요. 모둠에서 정리한 내용을 발표할 때는 힘껏 박수를 보내주세요. 서로의 의견을 자꾸 공유하다 보면 어떤 의견이 합리적인가는 학생들 스스로 판단할 수 있게 됩니다. 맞다, 틀리다를 논하기 전에 학생들의 생각이 쏟아져 나올 수 있도록 발판을 마련해 주어야 합니다. 그럴 때 학생들은 자긍심을 가지고 협의 활동에 더욱 몰입하게 될 것입니다.

울림 셋

다모임에 대한 이해와 오해

다모임은 만병통치약이 아닙니다

다모임은 다양성을 기반으로 하고 있습니다. 그래서 어떤 활동이든지 다모임으로 할 수 있다는 생각이 만연합니다. 이는 반은 맞고, 반은 틀립니다. 교육 활동에 무조건 다모임을 활용하다 보면 생각지도 않은 문제점들이 생기기 마련입니다.

예를 들면 학교 행사나 새롭게 도입되는 활동을 다모임에서 진행하기를 원하는 경우가 있습니다. 물론 이미 조직된 다모임 모둠을 활용하는 것은 다모임의 활성화 측면에서 바람직합니다. 그러나 이는 다모임 담당교사에게 또 다른 부담으로 다가올 수 있습니다. 체육대회에서 다모임 모둠별로 학생들이 주도적으로 할 수 있는 활동을 하거나, 다모임에서 학교 벽화 그리기를 하라는 일 등이 이에 해당됩니다. 다모임 조직을 활용한다고 해서 이런 일들을 모두 다모임 담당교사가 떠맡게 되면, 담당자는 일 년 내내 다모임 활동만 준비하게 될 수도 있습니다.

교사의 주된 일은 수업과 학생 생활지도입니다. 다모임도 중요하지만, 과도한 활동 및 학교의 요구로 담당자가 교사 본연의 역할을 할 시간이 줄어들면 안 됩니다. 그럴 때는 어떻게 해야 할까요? 바로 각 업무 담당자가 하면 됩니다. 이미 다모임 모둠이 구성되어 있고, 학생들이 모둠별 활동 경험이 있습니다. 꼭 다모임 담당자가 아니더라도, 누구나 다모임을 활용하여 교육 활동을 할 수 있어야 합니다.

또한 다모임을 하면서 학생들이 급격하게 성장하길 바라는 시선도 있습니다. 사고력 및 발표력, 토론 능력이 다모임을 하기 전보다 눈에 띄게 좋아질 거라는 기대감 때문입니다. 다모임 시간에 학생들은 모둠별로 협의를 하고, 앞에 나와서 발표를 하기도 합니다. 하지만 교육의 변화는 단기간에 이루어지지 않습니다.

우리 학교의 경우 3년간 다모임을 27회, 33시간을 운영했습니다. 그중 협의는 몇 시간이나 될까요? 아마 순수한 협의 시간은 반이 채 되지 않을 겁니다. 다모임에서는 협의만 하지 않습니다. 다양한 형태로 운영하기 때문이지요. 학생 전체를 대상으로 한 회의보다는 발언의 기회가 많지만, 다모임 시간에 한두 마디 정도 하고 가는 학생도 있습니다. '다모임을 3년이나 했는데, 왜 발표를 못할까?', '왜 통합적인 사고를 하지 못할까?'라고 여기기보다는 다모임을 통해 다양한 경험을 했다고 보는 편이 더 타당합니다.

학생들에게 발언의 기회, 협의의 장을 열어두고 서로의 생각을 공유할 수 있도록 돕는 것이 다모임의 역할입니다. 다모임을 하면서 발표력이나 토론 능력이 눈에 띄게 달라지면 좋겠지만, 그렇지 않더라도 느긋하고 너그러운 시선으로 바라볼 필요가 있습니다. 변화는 생각지도 않았던 어느 순간, 갑자기 일어날 수도 있으니까요.

다모임은 만병통치약이 아닙니다. 모든 교육 활동을 다모임으로 해결하거나, 다모임을 통해 학생들이 눈부시게 성장하기를 기대하지 않는 편이 좋습니다. 학생들의 역량은 다모임뿐 아니라, 여타 수업이나 교육 활동을 통해서 신장됩니다. 외적인 성장보다는 다모임을 통해 학생의 내면에 어떤 변화가 일어나고 있는지 귀 기울여 보는 것이 낫습니다.

다모임은 모두 함께 천천히 나아가는 하나의 과정입니다. 결과로만 바라보는 순간, 다모임은 그 의미가 퇴색할지도 모릅니다.

CHAPTER 04

다모임에 날개를 달다

다모임을 운영하려면 하나부터 열까지 정할 게 많습니다.
이번 장에서는 우리 학교에서 다모임을 준비한
과정과 3년 동안 해왔던 활동을 정리했습니다.

사전모임과 생일 축하, 건의사항 처리법 등 우리 학교만의
특색 있는 다모임 활동에 대해서도 소개합니다.
모둠 구성, 모둠별 담당교사 배정 및 교사의 역할 문제, 예산 사용 등
다모임의 실질적인 부분을 다루었습니다.

사전모임이 다모임을 살린다

다모임을 할 때 가장 어려웠던 부분은 시간이 부족하다는 점이었습니다. 매달 1차시로 다모임을 하기 힘들었습니다. 처음에는 다모임 시간에 토의 주제를 정하고, 학생들이 협의하도록 했습니다. 학생들은 토의해 본 경험이 별로 없기 때문에 주제를 선정하는 데에도 많은 시간이 소요되었습니다. 협의도 마찬가지였습니다. 더군다나 생일 축하와 간식 나눔까지 해야 하니, 40분이라는 시간은 훌쩍 지나가고 서둘러 다모임을 끝내야만 하는 상황이 번번이 일어났습니다.

짧지만 강한 사전모임

"다모임 시간이 항상 부족하니, 사전에 학생들이 미리 협의하도록 하면 어떨까요?"

다모임에 대한 의견을 묻는 자리에서 한 선생님께서 말씀하셨습니다. 사전모임이라니, 생각지도 못했던 부분이었습니다. 그리고 사전모임을 하면 다모임 시간이 부족한 문제가 어느 정도 해소될 것 같았습니다. 선생님들과 협의를 통해서 매달 중간놀이 시간에 사전모임을 갖자고 결정했습니다.

초등학교의 창의적 체험활동 시간은 1~2학년군이 272시간, 3~4학년군이 204시간, 5~6학년군이 204시간입니다. 언뜻 보면 시간이 충분한 것 같습니다. 하지만 이는 2년간 이루어지는 자율활동, 동아리활동, 봉사활동, 진로활동의 총합입니다. 다모임은 자율활동의 4개 영역 중 하나입니다. 각 영역별로 몇 시간씩 배당할지는 학교 재량이지만 자치활동에만 과도하게 시간을 편성하면 다른 활동을 할 시간이 줄어듭니다. 학교마다 편성할 수 있는 자치활동 시간의 한계가 분명히 존재합니다.

우리 학교는 협의를 통하여 매년 11시간을 자치활동으로 배당했습니다. 방학을 제외한 9개월 동안 하는 다모임과 학기별로 이루어지는 선거를 포함한 시간입니다. 다모임을 준비하고, 협의하고, 실행하기에는 턱없이 부족합니다. 이런 상황에서 사전모임의 시간 20분은 메마른 땅에 단비 같았습니다. 비록 짧은 시간이지만 다모임을 원활하게 운영하는 데 큰 도움이 되었습니다.

사전모임에서는 무엇을 하나요?

사전모임에서 하는 활동은 다음과 같습니다.

먼저, 모둠별로 각 교실에 모여서 협의를 합니다. 그달의 사전모임 주제(미션)는 사전에 동료 교사나 5~6학년 학생과의 협의를 통해 정합니다. 꼭 필요한 내용이라고 생각하는 경우에는 담당교사가 주제를 임의로 배정하기도 합니다. 협의가 끝난 이후에는 결과를 발표할 사람을 모둠 내에서 선정하고, 건의사항을 이야기하고, 간식을 먹습니다. 간식은 짧은 시간에 먹을 수 있는 요거트나 빵 등으로 준비했습니다.

사전모임의 주제는 본모임과 연관되면 좋습니다. 예를 들어 스승의 날 기념행사를 할 때는 사전모임에서 선생님들의 좋은 점이나 선생님들께 감사한 점을 사전모임에서 이야기 나누었습니다. 이렇게 협의한 내용을 활용하여 5~6학년 학생들이 PPT로 만들었고, 본모임에서 선생님들께 감사함을 전달하였습니다.

9월 독서의 달 행사를 다모임과 연관되어 진행할 때는 사전모임에서 '내가 하고 싶은 독서행사'에 대해 이야기를 했습니다. 도서 담당 선생님이 학생들의 의견을 반영하여 그해에 독서행사를 진행하였습니다. 본모임에서 학생들은 '내가 읽고 싶은 책'을 조사하여 발표했고, 이는 2학기 도서를 구입하는 데 반영했습니다.

학생 생활에 꼭 필요하거나, 학생들이 생각해 볼 문제를 사전모임의 주제로 선정하기도 합니다. 어울림터의 사용 문제나 언어습관을 들여다보기 등은 학생들이 잘 지키지 않거나 학교생활을 하는 데 반드시 필요하다고 생각했습니다.

다음은 우리 학교의 사전모임 주제를 영역별로 분류한 내용입니다.

구분	활동 주제
학생 생활 관련 주제	• 어울림터 사용의 문제점과 해결방안 • 우리의 언어습관을 되돌아보기 • 학교생활을 하며 잘 지켜지지 않는 점과 해결방안
규칙 정하기	• 우리 학교 인사말 정하기
특색 활동	• 우리 학교의 자랑거리 3가지 찾기 • 학교 운동장에 있는 꽃이나 나무 3가지 조사하기 • 칭찬 샤워(모둠원들 돌아가며 칭찬하기) • 올해 우리 학교 행사 TOP3 뽑기
계기 교육 관련 활동	• 우리 모둠만의 태극기 만들기

교육과정 관련 활동	• 하고 싶은 독서행사 정하기 • 올해 방과후 학교의 좋은 점과 내년에 하고 싶은 프로그램 생각하기

<2018~2019년 사전모임의 주제>

공유하고 나누며

사전모임은 모둠별로 진행하기 때문에 다른 모둠이 어떤 의견을 나누었는지 알기 힘듭니다. 따라서 사전모임에서 나온 결과를 반드시 공유하도록 하였습니다. 사전모임의 결과는 A4용지에 정리하여 자치활동 게시판에 붙여 놓습니다. 사전모임 중 미션으로 주어지는 협의 주제에 대해서는 2절지에 결과를 정리하여 본모임에서 발표합니다. 발표는 모둠 내에서 학년에 상관없이 순서를 정합니다.

때로는 사전모임을 운영하지 않는 경우도 있습니다. 신학기 초에는 사전모임을 운영하지 않았습니다. 보통 3월 초에 다모임을 시작하는데, 사전모임까지 하려면 시간이 촉박하기 때문입니다. 특별한 경우를 제외하고 2018년~2019년까지 매번 다모임을 하기 전에 사전모임을 하였습니다.

사전모임 결과 발표를 듣고 학생들은 나와 다른 사람의 생각이 다를 수 있음을 알게 됩니다. 또한 협의하고 발표하는 과정에서 의사소통능력과 의사결정능력이 신장됩니다. 공유를 통해서 다른 모둠에서는 어떤 의견이 있는지, 우리가 앞으로 나아갈 방향은 무엇인지 은연중에 알게 됩니다. 선생님들께서도 다모임 시간에 학생들이 어떤 생각을 가지고 있는지, 원하는 것은 무엇인지 알게 됩니다. 공유와 나눔은 소통의 기회를 제공하고, 살아 있는 공동체를 위한 기반이 됩니다.

우리 학교는 사전모임과 본모임이 유기적으로 연결되어 있습니다. 사전모임

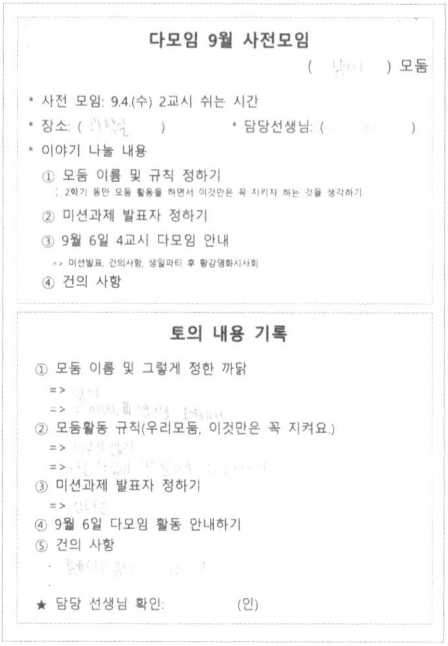

다모임 9월 사전모임

( ) 모둠

* 사전 모임: 9.4.(수) 2교시 쉬는 시간
* 장소: ( ) * 담당선생님: ( )
* 이야기 나눌 내용

① 모둠 이름 및 규칙 정하기

: 2학기 동안 모둠 활동을 하면서 이것만은 꼭 지키자 하는 것을 생각하기

② 미션과제 발표자 정하기

③ 9월 6일 4교시 다모임 안내

=> 미션발표, 건의사항, 생일파티 후 황강영화시사회

④ 건의 사항

토의 내용 기록

① 모둠 이름 및 그렇게 정한 까닭

=>

=>

② 모둠활동 규칙(우리모둠, 이것만은 꼭 지켜요.)

=>

=>

③ 미션과제 발표자 정하기

=>

④ 9월 6일 다모임 활동 안내하기

⑤ 건의 사항

★ 담당 선생님 확인: (인)

<사전모임 결과지>

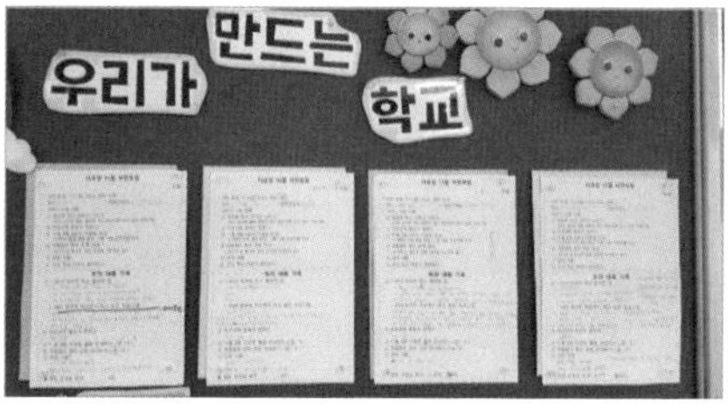

<게시판의 사전모임 결과 코너>

<사전모임 결과 발표>

은 다모임이 보다 내실 있게 운영될 수 있게 해줍니다. 자치활동 시간이 부족해서 고민이라면 사전모임을 도입해 보세요. 사전모임이 다모임에 숨을 불어넣을 것입니다.

이 학교의 건의사항 대처방법

건의사항은 어느 모임이든 빠지지 않고 등장하는 단골 메뉴입니다. 건의사항을 다룰 때 중요한 점은 얼마만큼 반영할 수 있는가 하는 것입니다. 학생들이 매달 건의사항을 내는데, 그것을 수용할 의지가 없다면 사실 건의사항을 운영할 필요가 없습니다. 이런 상황에서는 학생들도 문제점을 발견하고 건의하는 데 드는 노력을 점차 하지 않게 됩니다. 이야기해도 달라지는 것이 없으니까요.

학생들이 활발하게 건의사항을 내려면 담당교사와 학교 관리자의 열린 마음이 필요합니다. 담당교사는 학생들의 건의사항을 합리적인 선에서 해결하고자 노력해야 하고, 관리자는 학교 여건상 가능하다면 학생들의 요구사항을 들어주는 것이 좋습니다. 물론 너무 터무니없거나 수용하기 어려운 경우에는 충분한 까닭을 곁들여 이야기해 주어야 합니다.

2016년과 2019년, 월별 건의사항의 변화

2016년과 2019년에 나타난 우리 학교의 건의사항 목록입니다. 건의사항의 내용이나 반영 여부를 떠나서 학생들이 말한 날것 그대로를 적어보았습니다. 우리 학교는 2016년에는 전교 어린이 회의를, 2017년부터 현재까지 다모임을 운영해 오고 있습니다.

2016년에 건의사항은 총 7개였습니다. 반면, 2019년의 건의사항은 총 20개가 넘습니다. 건의사항도 매우 구체적이고 학생들의 실생활과 관련이 있습니다. 2016년에는 건의사항이 없는 달이 많습니다. 그에 반해, 2019년에는 건의사항이 없는 달의 수가 적고, 매달 2~3개 정도의 건의사항이 포함되어 있습니다. 3년의 시간이 흐르는 동안 학생들의 의식이 많이 성장하였고, 사건이나 사물을 바라보는 시선이 달라졌음을 알 수 있는 대목입니다.

구분	2016년(7개)	2019년(22개)
3월	없음	• 자전거 보관소를 만들어 주세요. • 여자 화장실 변기를 고쳐 주세요, • 급식실 온수가 안 나와요. • 4~6학년 신발장 문이 잘 안 닫혀요.
4월	없음	• 세면대에서 온수가 안 나와요. • 3학년 교실에 피아노를 놓아 주세요. • 2층 남자 화장실 변기 물을 안 내려요.
5월	• 반(교실)을 정리하자	• 남자 화장실 오른쪽 세면대 물이 잘 안 빠져요. • 전체 체육을 더 많이 해 주세요. • 여자 화장실에 손 세정제를 놓아 주세요.
6월	• 강당 선풍기를 청소해 주세요. • 강당 안에서 축구공, 농구공 사용을 하지 말자.	없음

7월	-	• 2층 남자 화장실 바닥에 항상 물이 많이 있어 불편합니다. • 2층 여자 화장실 왼쪽에서 2번째 칸 문이 잘 안 닫혀요. • 모둠원을 바꿔 주세요.
9월	• 고장 난 청소기를 고쳐주세요. • 컴퓨터 방과후를 2시간으로 늘려 주세요. • 수영시간을 늘려 주세요.	없음
10월	• 그네의 개수를 늘려 주세요.	• 고학년 방송댄스 시간을 2시간으로 늘려 주세요.
11월	없음	• 현재 쓰고 있는 손 세정제는 일본 제품이니, 한국 제품으로 바꾸어 주세요. • 4학년 교실에 거울을 놓아 주세요. • 4학년 교실의 청소도구함을 고쳐 주세요. • 운동장 시계의 시간이 느립니다. • 정글짐 밑에 풀을 제거하고, 쐐기 약을 놓아 주세요.
12월	없음	• 어울림터에 곤충이 많습니다. • 어울림터 화장실에 냄새가 많이 납니다. • 2학년 도서실 명패가 자꾸 떨어집니다.

<우리 학교의 건의사항 목록>

우리 학교의 건의사항 대처법

3년이라는 시간 동안 이런 변화를 이끈 것은 학교에서 건의사항을 대하는 태도에 있다고 봅니다. 2016년에 전교 어린이 회의를 할 때는 담당자인 저도 학생들의 건의사항에 큰 관심이 없었습니다. 전교 어린이 회의를 할 때 이유를 들어 이런 건의사항은 아마 학교에서 수용하기 어려울 것이라며 아이들을 설득하는 정도에 그쳤습니다. 학생 서기가 기록한 전교 어린이 회의록의 결재를 받을 때도 관리자의 관심을 끌기는 어려웠습니다. 학생들의 건의사항은 그야말로 형식적으로 건의하고 사장되는 경우가 많았습니다. 그러다 보니 학생들은 점점 건의의 필요성을 느끼지 못하는 것 같았습니다.

2017년에 다모임을 시작하면서 교장·교감 선생님께서는 건의사항에 주목하셨습니다. 학생들이 어떤 제안을 했는지 살펴보고, 그것을 해결해 주려고 노력하셨습니다. 첫 다모임을 했던 2017년 3월에 학생들이 제안한 건의사항은 모두 3가지입니다. '운동장에 시계를 달아 주세요', '3~4학년도 목공 수업을 받게 해 주세요', '방과후 미술 수업을 하게 해 주세요'입니다. 5~6학년을 대상으로 방과후에 자율적으로 운영하던 목공 수업을 3~4학년도 하기엔 현실적으로 어려웠습니다. 방과후 미술 수업의 방향은 강사분께 의견을 전달할 수는 있으나 강제할 수는 없는 부분이었습니다.

하지만 시계 문제는 달랐습니다. 점심시간에 운동장에서 놀다가 학생들은 종종 수업에 늦곤 했습니다. 점심시간의 끝을 알리는 종이 울리기는 했지만, 그때 부랴부랴 건물에 들어가서 물도 한 잔 마시고, 화장실도 들르면 수업 시작할 시간이 훌쩍 지나 있었던 것입니다. 이런 불편함이 학생들에게 문제를 제기하게 했습니다. 교장·교감 선생님께서는 학교의 예산이 가능한지 확인하고는 운동장

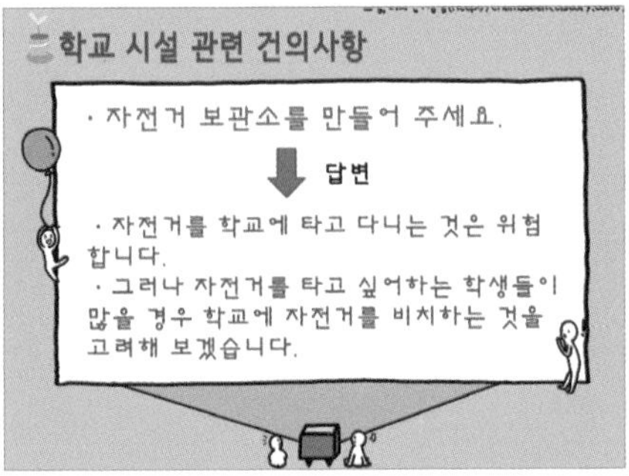

<건의사항 안건>

<운동장의 시계>

에 전자시계를 달아, 학생들이 편하게 활용하도록 해 주셨습니다.

건의사항[5)]이 현실화되는 모습을 보자 학생들은 활발하게 건의하기 시작했습니다. 때로는 비현실적이거나 지나치게 소소한 내용이 건의사항으로 올라오기도 했습니다. 이는 건의사항의 범위를 어디에서 어디까지로 해야 적합한지 명확한 개념이 없기 때문입니다. 해당 건의사항을 왜 받아들일 수 없는지, 학생들에게 다모임 시간에 적절하게 설명하였습니다. 이러한 과정을 반복하였더니, 학생들의 건의사항에 대한 이해가 점점 높아졌습니다.

건의사항이 많다 보니 이를 해결하는 것도 문제였습니다. 학생 대표는 사전모임에서 도출된 건의사항이 어떤 방향으로, 얼마만큼 해결되었는지 전체를 대상으로 발표합니다. 사전모임에서 본모임을 할 때까지 7일 정도 시간이 있었는데, 담당교사가 건의사항에 대해 교장·교감 선생님께 상의를 드린 후 행정실의 협조를 구해 해결하는 식이었습니다. 때로는 교장·교감 선생님께서 발 벗고 나서서 건의사항을 처리하셨습니다. 이런 상황이 지속되니, 무언가 체계적인 절차가 필요하다는 생각이 들었습니다. 그래서 생각한 것이 학생들과 교장·교감 선생님이 직접 만날 수 있는 장을 마련하는 것이었습니다.

교장·교감 선생님과 만남의 날은 이렇게 탄생했습니다. 이는 사전모임에서 협의한 모둠의 결과와 건의사항을 교장·교감 선생님께 전하는 자리입니다. 교장·교감 선생님은 미리 사전모임 결과를 보시고, 건의사항의 해결 여부를 판단해서 학생들에게 알려 주십니다. 예산상 할 수 있는 것은 들어주시고, 불가능한 것은 이유를 말씀해 주십니다. 학생들이 스스로 개선할 수 있는 건의사항은 한 번 자체적으로 해결해 보라고 독려하기도 합니다.

학생들이 낸 작은 건의사항도 유심히 살펴보고, 좋은 건의는 칭찬해 주십니다. 학생들은 학교의 문제에 더욱 관심을 가지고 더 나은 학교를 만들기 위해 노

---

5) 건의사항 ppt는 참샘스쿨에서 무료로 제공하는 탬플릿을 활용함

력합니다. 건의사항에 대처하는 방식이 만들어 낸 변화입니다.

건의사항이 바꾼 학교의 모습

학생들이 제안한 건의사항은 우리 학교의 모습을 바꾸어 놓았습니다. 3년간 다룬 건의사항 중 기억에 남는 것들을 몇 개 적어보겠습니다.

먼저, 2018년 4월에는 '화장실의 비누를 물비누로 바꾸어 주세요'라는 건의사항이 등장했습니다. 이전까지 우리 학교는 딱딱한 일반 비누를 썼습니다. 그러다 보니 비누가 물에 자주 닿아 흐물거리거나 이물질이 묻어 있었습니다. 학생들은 손을 씻고 싶어도 비누를 만지기가 꺼려졌던 모양입니다. 지금은 물비누가 보편화되었지만, 그 당시만 해도 교직원 중 누구도 물비누를 쓸 생각을 하지 못했습니다. 학생들의 건의사항을 받아들여 물비누를 사용하니, 깨끗하고 편하게 손을 씻을 수 있게 되었습니다.

<자치활동 게시판의 건의사항 코너>[6]

<교장·교감 선생님과 만남의 날>

---

6) 건의사항의 캐릭터와 칠판이미지는 옥이샘 블로그에서 무료로 제공하는 그림파일을 활용

2019년 3월에는 '자전거 보관소를 만들어 주세요'라는 건의가 있었습니다. 학교 인근에 사는 학생 몇몇이 자전거를 타고 학교에 올 때가 있는데, 보관대가 없어서 불편했던 것입니다. 이 건의사항의 등장 배경에는 자전거를 타고 싶은 학생의 마음이 담겨 있었습니다. 교장·교감 선생님께서는 학생들의 마음을 알아채시고는 자전거 보관소 대신 자전거 타는 학교를 만들겠다고 하셨습니다. 학교에 자전거를 비치해 놓고, 타고 싶은 학생은 누구나 이용하게 하는 것이었죠.

우리 학교는 농어촌 지역에 있습니다. 학교 인근은 특히나 좁고 굽이진 길이 이어져 있습니다. 학생들이 자전거를 타고 다닐 경우, 자칫 교통사고의 우려도 있어서 교장·교감 선생님께서는 학생들이 마음 편히 자전거를 탈 수 있도록 배려하신 겁니다. 이는 교장·교감 선생님과 만남의 날에 5~6학년 학생들과의 협의를 통해 결정되었습니다. 이후 우리 학교는 자전거 4대와 보호장비 6세트를 구비해, 학생들이 체육시간이나 점심시간에 운동장에서 자전거를 타도록 했습니다. 자전거 안전교육을 하고, 자전거 면허 시험을 본 후 자전거 면허증을 주었습니다. 학생들이 마음껏 자전거를 탈 수 있는 여건을 만들어 준 것입니다.

2019년 11월에는 '현재 쓰고 있는 손 세정제는 일본 제품이니 한국 제품으로 바꿔 주세요'라는 건의사항이 나왔습니다. 건의사항을 보고 감탄이 나왔습니다. 이때는 일본에 대한 제품 불매운동이 일어났던 시기입니다. 저 또한 불매에 동참하기 위해 일본 지분이 있는 매장에 가지 않고, 일본계 사이트에서 탈퇴했습니다. 하지만 학교에 있는 손 세정제는 별다른 생각 없이 썼습니다. 그렇게 놓친 부분을 아이들이 잡아 주었습니다. 사회의 흐름을 인지하고, 문제의식을 느낀 겁니다. 학교에서는 이미 다른 제품을 구매했던 터라, 남은 제품을 다 쓴 후에 교체해 주기로 약속했습니다.

우리 학교는 모든 건의사항을 들어줄 순 없지만, 학교 여건이 허용하는 선에서는 학생들의 의견을 수용하려고 노력합니다. 안 되는 것은 꼭 적절한 까닭을

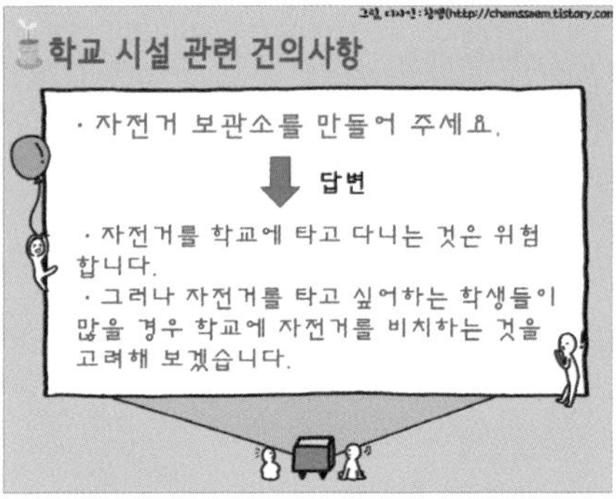

<자전거 관련 건의사항>

<자전거 타는 모습>

들어 학생들에게 설명해 줍니다. 건의사항을 처리하는 동안 학생들과 학교 사이에는 건전한 신뢰 관계가 형성됩니다. 어른의 시선에서는 미처 생각지도 못했던 불편한 사항들이 개선됩니다. 우리 학교는 이러한 건의사항 대처법을 통해 학생들의 눈높이에 맞고 공동체의 가치가 실현되는 학교로 변모해가고 있습니다.

모두가 함께하는 생일 축하

2017년에 다모임을 시작한 이후로, 매달 생일 축하를 해왔습니다. 대상자는 우리 학교 유치원 및 1~6학년 학생, 전 교직원입니다. 다모임은 교육공동체가 함께하니, 누구나 생일 축하를 받을 수 있어야 한다는 생각에서입니다. 보통 학교에서는 선생님께서 학생들의 생일을 축하해 주곤 하지만, 우리 학교 다모임은 다릅니다. 선생님이든, 학생이든, 행정실 직원이든 생일이 포함된 달이면 앞에 나와 모두의 축하를 받게 됩니다.

생일 축하를 하려면 전교생과 전 교직원의 생일을 알아야 합니다. 그래서 그 해의 첫 다모임이 시작하기 전에 미리 생일을 조사합니다. 생일을 조사한 후에는 월별로 생일 대상자를 나누어 놓습니다.

2017년, 롤링페이퍼로 문을 열다

생일은 본인에게 일 년 중 가장 기쁘고 의미 있는 날입니다. 다모임은 매달 정해진 날에 실시되기 때문에 본인의 생일이 아닌 날, 축하를 받게 되기는 합니다. 하지만 많은 사람에게 축하받는 것만큼 기쁜 일도 없을 것입니다.

2017년에 처음 생일 축하를 도입하면서 어떻게 준비할까 고민했습니다. 그냥 앞에 나와서 노래만 부르고 끝나기엔 뭔가 허전하게 느껴졌습니다. 그래서 생일 모자를 준비했습니다. 또, 모두의 마음을 담기에는 롤링페이퍼 만한 것이 없다고 생각했습니다. 생일을 맞은 사람에게 전교생과 전 교직원이 간단한 편지를 적었습니다.

다모임의 생일 축하는 이렇게 운영됩니다. 생일 대상자는 생일 모자를 쓰고 걸어서 앞에 나옵니다. 교장 선생님께서는 모두의 마음을 담은 롤링페이퍼를 생일 대상자에게 전달해 주십니다. 어울림터에 모인 사람들은 박수를 치며 생일 축하 노래를 함께 부릅니다. 생일 대상자는 자리로 돌아가고, 교장 선생님께서 생일 대상자에게 축하의 말씀을 해 주십니다.

생일 축하는 분명 뜻 깊은 자리입니다. 공동체의 일원으로 소속감을 느끼고, 개인적으로 축하도 받는 행복한 시간입니다. 롤링페이퍼를 받은 학생들은 기뻐했습니다. 하지만 문제는 롤링페이퍼를 만드는 데 있었습니다. 생일 대상자가 1~2명일 때는 롤링페이퍼를 쓰는 것이 어렵지 않았지만, 10명 정도 되는 달에는 마치 과제처럼 여겨졌습니다. 이런 달은 반씩 나누어서 5명 정도에게만 쓰도록 했지만, 시간이 흐를수록 학생들이 힘들어 하는 모습이 보였습니다. 그래서 다음 해부터는 다른 방법을 모색하게 되었습니다.

2018~2019년, 꽃과 함께 걷다

2017년 연말에 각종 시상식의 모습을 지켜보면서 레드카펫이 눈에 들어왔습니다. 레드카펫 위를 걸으면 무언가 특별하고 존중받는 느낌이 들 것 같았습니다. 인터넷으로 레드카펫을 검색해 보니 부직포로 된 제품이 저렴했습니다. 10m 가량의 부직포를 구매한 후, 롤링페이퍼를 대신할 수 있는 것이 무엇일까 생각해 보았습니다. 특별한 의미를 줄 수 있고, 그렇게 비싸지 않으면서도, 레드카펫에 잘 어울리는 것이 무엇인지 말입니다.

고민 끝에 장미 한 송이가 떠올랐습니다. 꽃은 기념일에 주로 선물을 하는데, 흔한 것 같지만 사람들은 의외로 꽃을 받은 경험이 많지 않습니다. 학교에서 생화로 된 장미꽃을 주면 선물이자 축하의 의미를 충분히 담을 수 있을 것 같았습니다.

<2017년 1학기 롤링페이퍼>

<2017년 2학기 롤링페이퍼>[7]

<생일축하 모습>

<레드카펫을 걷는 모습>

---

7) '생일 축하합니다'글자와 하트 모양은 초등아이스크림에서 제공하는 이미지를 활용

2018~2019년에는 생일파티를 이렇게 운영했습니다. 생일 대상자는 생일 모자를 쓰고 레드카펫 앞에 섭니다. 시상식 음악이 울리면 생일 대상자는 레드카펫을 따라서 앞으로 걸어 나갑니다. 레드카펫 끝에서는 교장 선생님께서 생일을 맞으신 분에게 장미꽃을 한 송이씩 전달해 주십니다. 교장 선생님과 한 사람씩 기념촬영을 한 후, 생일 대상자는 무대의 중앙에 섭니다. 다 같이 박수를 치며 생일 축하 노래를 부르고 나서, 생일 대상자는 원래 자리로 돌아갑니다. 교장 선생님께서는 생일을 맞으신 분들에게 축하의 말씀을 해 주십니다.

생일 축하는 다모임에서 꼭 해야 하는 것은 아닙니다. 하지만 우리 학교의 구성원들은 모두 함께 축하하는 의미를 알고, 3년간 생일 축하를 해왔습니다. 물론 담당자로서 미리 준비해야 하는 점들도 있습니다. 저에게는 소소한 번거로움보다는 함께하는 축하가 가지는 값어치가 더 크게 느껴집니다.

만약 다모임에서 생일 축하를 한다면, 학교의 상황과 현실에 맞는 방법을 취하는 것이 최선의 선택이 될 것입니다.

토의에도 왕도는 있다

우리 학교에서 이루어지는 협의 활동은 모두 토의 형태로 진행됩니다. 토의는 여러 사람이 함께 모여 공동의 주제를 가지고 각자 다른 자신의 의견을 나누는 것[8)]입니다. 또한, 공동의 주제에 대해서 의견을 제시하고, 합리적인 해결방안을 찾아 나가는 활동입니다. 다모임에서 토의 활동은 빼놓을 수 없지요.

다모임을 막 시작했을 때, 토의 활동이 원활하게 이루어지지 않았습니다. 학생들은 어떤 주제를 선정해야 할지, 주제에 대해 어떤 의견을 제시해야 할지 잘 몰랐습니다. 그러다 보니 시간 안에 토의를 모두 끝마치지 못하는 경우가 종종 있었습니다. 그래서 토의하는 동안 학생들을 채근하기도 했습니다. 어쨌거나 시간에는 제한이 있기 때문이었습니다.

보다 효과적인 토의 방법이 있으면 좋겠다는 생각이 들었습니다. 그때 마침 한 연수에서 새로운 토의 기법에 대해 배웠습니다.

---

8) 네이버 지식백과

새로운 토의 기법의 도입

2018년 2월, 전라북도교육연수원에서 주관하는 교육과정 연수가 있었습니다. 그때 특강으로 똑똑 도서관 관장님의 강의가 있었는데, 강의에서 다룬 몇 가지 의사소통 방법이 신선하게 느껴졌습니다. 그중 '월드 카페 토론'이라는 방법은 우리 학교의 상황에 꼭 맞았고, 다모임에 적용하게 되었습니다.

이는 여러 가지 주제에 대해 동시에 토의할 때 적합합니다. 다모임에서 이야기할 소주제가 4개라면, 모둠별로 주제를 다르게 하고 각 모둠별로 토의를 진행할 사람(카페 주인)을 정합니다. 정해진 시간 동안 각 모둠에서는 각각의 소주제에 대해서 이야기를 합니다. 일정 시간이 흐른 후에는 토의를 진행하는 한 명을 제외한 사람들은 일어나서 다른 모둠으로 이동합니다. 이때, 움직이는 방향은 시계 방향이나 반시계 방향으로 일정해야 합니다. 이어서 정해진 시간만큼 그 모둠에 해당하는 주제에 대해서 토의를 합니다. 이렇게 여러 차례 반복하게 되면 구성원들은 모든 주제에 대해 이야기를 하게 됩니다. 마지막으로 토의 진행자는 각 모둠의 토의 결과를 발표합니다.

2018년 6월, 우리 학교의 다모임 주제는 '호국보훈의 달'이었습니다. 모둠 미션으로 우리 모둠만의 태극기를 만들어서 발표했습니다. 본모임에서는 모둠토의를 했는데, 소주제는 '우리나라를 대표하는 것', '우리나라를 위해 할 수 있는 것', '북한 친구들과 하고 싶은 것', '통일이 되면 하고 싶은 것'이었습니다. 우리 학교는 모둠이 4개이기 때문에 소주제도 모둠의 개수에 맞게 정했습니다. 모둠의 진행자는 각 모둠의 모둠장으로 했습니다. 모둠장은 보통 5~6학년 학생들이 맡기 때문에 토의를 진행하고 종합하여, 결과를 발표하는 데 적합하리라 생각했습니다.

학생들에게 토의 방법에 대해 알려주었습니다. 각 모둠별로 다른 주제로 토의하고, 토의가 끝난 후 모둠의 구성원들은 반시계 방향으로 이동하며, 각 모둠의

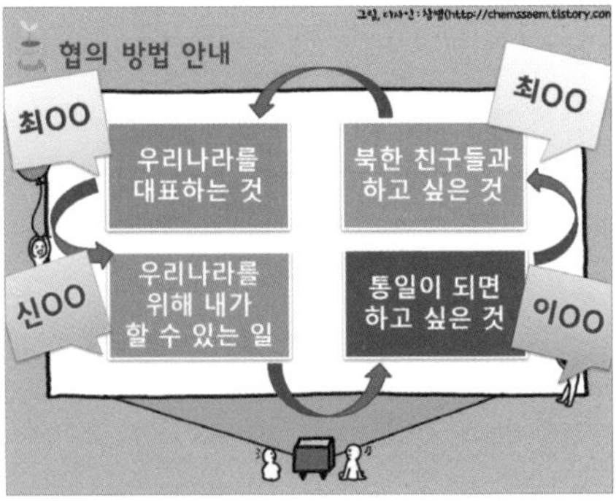

<월드 카페를 활용한 토의 1>

<모둠별 토의 모습>

장이 회의를 진행하고 결과를 발표해야 한다는 점이었습니다. 모둠장은 이동하지 않으며, 제한 시간이 있다는 것도 중요합니다. 한 테이블에서 토의하는 시간은 대략 7분가량입니다. 1분 정도 시간이 남았을 때, 회의를 마무리하도록 안내했습니다.

정해진 시간이 되면 모둠 구성원들은 다른 테이블로 이동하여 새로운 주제에 대해 이야기를 나누었습니다. 3회를 반복하고 나서, 각 모둠장은 테이블에서 이야기한 내용을 정리하여 발표했습니다.

한 가지 주제에 대해 학생들의 의견이 비슷할 때가 더러 있습니다. 그래서 우리 학교에서는 테이블을 이동한 뒤에 지면에 적힌 이전의 토의 내용을 읽어보고, 자신의 생각과 비슷한 의견에는 별표를 하도록 합니다. 똑같은 내용을 중복해서 기록하는 것을 막기 위해서입니다. 또한 이를 통해 별표가 많은 단어나 문장은 학생들이 공통적으로 중요하게 여긴다는 사실을 알 수 있습니다.

소주제의 개수가 적은 경우도 있습니다. 이런 경우에는 같은 주제를 2개의 테이블에서 의논하도록 했습니다. 2018년 5월에는 '감사의 달 어떻게 기념할까?'라는 주제로 토의를 했습니다. 해당하는 기념일은 어버이날과 스승의 날이었습니다. 그래서 토의 방법을 변형하여, 학생들이 1회만 이동하고도 토의를 마무리

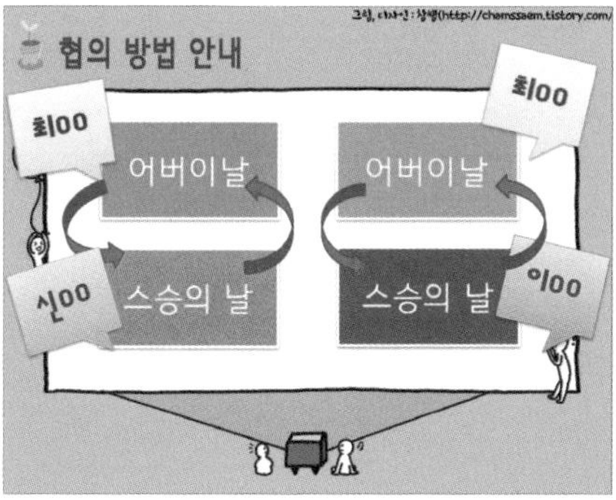

<월드 카페를 활용한 토의 2>

<모둠별 토의 모습>

짓도록 했습니다.

월드 카페 토론은 다모임의 주제에 대해 여러 개의 소주제가 있을 때 적합합니다. 우리 학교는 새로운 토의 방법과 기존의 방법을 적절하게 혼합하여 협의 활동을 했습니다. '월드 카페 토론'을 활용하면 정해진 시간 안에 다양한 이야기들이 나와서 좋았습니다. 시간 제한이 있고, 모둠을 이동하는 등의 새로운 토의 형태를 학생들도 신선하게 여겼습니다.

1분 동안 적기와 1가지 이상 말하기

토의가 활발하게 진행되기란 쉽지 않습니다. 우선 토의를 이끄는 모둠장이 적극적으로 구성원들의 참여를 독려해야 합니다. 모둠 구성원들의 발표하려는 의지와 참여도도 매우 중요합니다. 모둠 전체가 토의 주제에 대해서 잘 이해하고 있어야 합니다. 그러나 이 삼박자가 고루 맞아 떨어지는 일은 자주 일어나지 않습니다. 회의 주제에 대해 2~3번 설명한 후에도 종종 엉뚱한 이야기를 하거나, 자신의 생각을 말하기 꺼려하는 경우도 있습니다.

모둠별로 토의에 활발하게 참여하는 학생들이 1~2명씩은 있습니다. 하지만 그러다 보면 일부의 의견이 모둠 전체의 의견인 것처럼 보일 수 있습니다. 여러 사람의 생각을 모아서 최선의 결론을 찾아 나가는 토의의 원칙에도 맞지 않습니다.

그래서 저는 1분 동안 적기와 1가지 이상 말하기를 학생들에게 지도합니다. 1분 동안 적기는 주로 본모임에서 활용합니다. 토의 활동을 할 때, 모둠별로 학생들에서 2절지 크기의 종이와 24색 매직을 줍니다. 처음 1분간은 앞에 놓인 종이에 자신의 생각을 간단한 글이나 그림으로 표현하도록 합니다. 이렇게 나름대로 생각을 정리한 후에 모둠의 토의 활동에 들어갑니다. 미리 생각하고 토의에 참여하면 보다 수월하게 이야기할 수 있습니다. 이는 월드 카페 토론을 할 때도 마찬가지로 적용합니다.

1가지 이상 말하기는 원활한 협의 활동을 위해서 강조하는 부분입니다. 몇몇 학생은 모둠에서 토의하는 것을 어려워합니다. 생각을 말하라고 하면 머릿속이 하얘지거나, 입 밖으로 말이 나오지 않는 것입니다. 그래서 더도 말고 딱 1가지씩은 생각을 이야기하자고 학생들을 독려합니다. 모둠장에게는 모둠 구성원들이 고루 말할 기회를 주고, 순서를 정해 돌아가면서 발언할 수 있도록 합니다. 하지만 1가지도 말하기 어려운 경우에는 재촉하지 말고, 맨 마지막에 준비되면 이야기할 수 있도록 당부합니다. 토의 활동이 특정 학생에게 너무 힘든 시간이 되지 않도록 하는 배려입니다.

학생들의 웃음과 이야기 소리가 넘치는 토의 활동을 꿈꿉니다. 누구나 자유롭게 생각을 이야기하고, 비난 대신 건전한 비판을 하며, 합리적인 해결방안을 스스로 찾아 나가는 다모임의 모습을 기대합니다. 처음 몇 번에 만족할 수는 없습니다. 꾸준히 협의 활동을 하다 보면 학생들도 저마다의 협의 방법을 터득해 나갈 거라 믿습니다. 그리고 이렇게 몸으로 터득한 토의 문화는 학생들이 앞으로 살아갈 민주시민 사회의 밑거름이 되리라 생각합니다.

공유가 생명이다

다모임은 학교 전체적으로 이루어지는 활동입니다. 활동의 계획이나 결과를 모두가 잘 공유할수록 좋습니다. 다모임의 담당자로서 신경 쓴 부분 중 하나는 '어떻게 하면 공유를 잘 할까?' 하는 문제였습니다. 아무리 좋은 활동이라도 구성원 중 일부만 아는 것은 원하지 않았기 때문입니다. 그래서 여러 가지 방법을 강구해 보았습니다.

자치활동 게시판을 활용하라

우리 학교에는 자치활동 게시판이 있습니다. 처음부터 자치활동을 위한 게시판을 따로 만들려던 것은 아니었습니다. 하지만 복도 환경정리를 하면서 생활담당자인 제가 게시판 하나를 맡게 되었고, 자치활동 게시판으로 활용하게 되었습니다.

자치활동 게시판은 5학년 교실 앞 복도의 벽면에 붙어 있습니다. 게시판에는

<자치활동 게시판>

<게시판의 코너>

자치활동을 하면서 모두가 알아야 할 내용을 담고 싶었습니다. 매달 사전모임을 할 때 모둠별로 사전모임 결과지를 작성하는데, 본모임이 시작하기 전까지 학생들은 다른 모둠의 사전모임 결과를 알기 힘듭니다. 그래서 활동 내용을 공유하기 위해 사전모임 결과를 게시하는 코너를 넣었습니다.

사전모임 때 건의사항을 이야기하기는 하지만, 이외에도 건의사항이 있을 때는 자치활동 게시판을 활용합니다. 자치활동 게시판의 건의사항 코너에 보드판을 붙여 두었습니다. 학생들은 언제든지 의견이 있을 때면 보드마카를 활용하여 적을 수 있게 말입니다. 건의사항 코너 옆에는 사전모임의 주제를 크게 적어서 이달의 다모임 운영 방향을 알 수 있도록 했습니다. 우리 학교는 생일 축하를 하는 것이 다모임의 중요한 활동입니다. 따라서 게시판에 생일 코너를 만들어 그 달의 생일 대상자의 명단을 알렸습니다. 이외에도 모둠 협의 결과 중 중요한 내용은 게시판의 하단에 붙여 두어 언제든지 볼 수 있도록 했습니다.

접근성을 높이는 블랙 보드

자치활동 게시판으로는 공유하기 어려운 경우가 종종 생겼습니다. 우리 학교는 2층으로 된 단일 건물입니다. 2층의 동쪽에서부터 서쪽까지 1학년부터 6학년까지 교실이 있습니다. 아쉬운 것은 동쪽 끝에만 화장실이 있다는 점입니다. 그래서 저학년 학생들은 굳이 고학년 쪽에 있는 게시판까지 갈 일이 별로 없습니다. 게시판을 그냥 지나치는 일도 많았습니다. 게시판 이외에 공유할 방안이 필요했습니다.

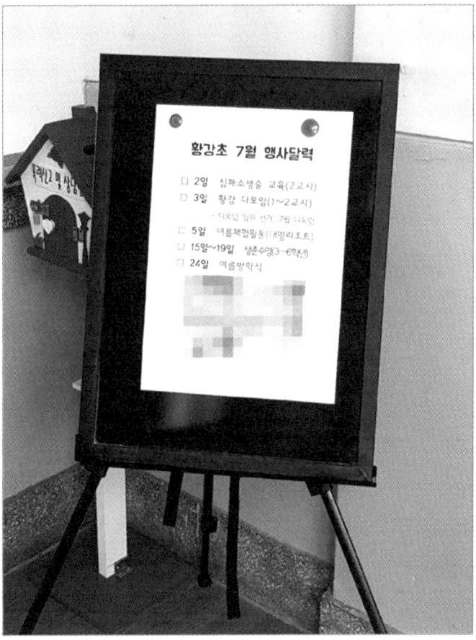

<블랙 보드의 모습>

고민 끝에 블랙 보드가 떠올랐습니다. 검은색 바탕으로 된 보드판에 밝은색의 보드마카로 글씨를 쓰면 색다른 분위기가 연출됩니다. 사전 모임이나 본모임 주제, 다모임 날짜 등을 블랙 보드에 적어서 화장실 앞쪽에 놓았습니다. 화장실은 하루에도 몇 번씩 오가므로 학생들이 쉽게 다모임의 전달사항을 알 수 있었습니다. 블랙 보드의 글씨는 주로 5~6학년 학생들이 돌아가면서 썼는데 글씨를 쓰는 학생이나, 완성된 보드판을 보는 학생들 모두 재미있게 여겨 보드판에 적힌 글자를 유심히 보았습니다. 학생들이 보드판을 작성하기 어려운 경우에는 담당교사가 글자를 프린트하여 보드판에 붙여 두었습니다.

벽면은 열린 공간이다

자치활동 게시판은 코너 형식이라, 매달 고정된 코너의 내용이 바뀌는 식으로 운영됩니다. 블랙 보드는 접근성은 좋으나, 크기가 작기에 많은 내용을 담기는 어렵습니다. 그래서 다모임의 활동 결과가 여러 장이거나 안내할 내용이 많은 경우에는 계단의 벽면을 활용했습니다.

우리 학교의 화장실에서 급식실로 이어지는 계단은 누구나 하루에 한 번씩 오르내립니다. 이 공간은 넓고 다른 게시물이 없어 다모임 활동을 공유하기 좋습니다. 예를 들어 다모임 임원선거를 할 때는 선거 벽보를 이곳에 붙였습니다. '우리의 언어습관을 되돌아봐요'를 주제로 협의했을 때도 협의 결과를 장기간 벽면에 붙여 두어 학생들이 이야기한 내용을 지키도록 했습니다. 또, 영화 동아리 시사회를 할 때도 포스터를 붙여 학생들이 시사회에 관심을 가지도록 했습니다.

벽면은 누구에게나 열려 있습니다. 담당자가 어떻게 활용하느냐에 따라서 구성원 간 공유를 원활히 할 수 있는 바탕이 됩니다.

다모임의 활동 평가

공유의 핵심은 공동체의 발전에 있습니다. 더 나은 공동체를 만들기 위해서, 구성원 모두에게 여러 사안을 알리고 이에 대한 의견을 듣고자 하는 것입니다. 이런 맥락에서 일 년간 다모임 활동이 끝날 무렵, 다모임의 활동 평가를 하면 좋습니다. 그리고 이 평가 결과는 함께 공유하고 다음 해 다모임을 운영하는 데 반영해야 합니다. 교직원을 대상으로 한 다모임의 활동 평가는 회의나 교육과정 협의회 시간을 주로 활용합니다. 여기에서는 학생을 대상으로 한 다모임의 활동 평가에 대해 이야기해 보겠습니다.

가장 쉽게 접근할 수 있는 방법은 사전모임이나 본모임의 주제로 '올해 다모임 활동을 하면서 좋았던 점이나 아쉬웠던 점'을 다루는 겁니다. 덧붙여 '내년 다모임 활동에서 꼭 하고 싶은 활동'이나 '다모임에서 바꾸고 싶은 점' 등을 이야기하도록 합니다. 사전모임이나 본모임의 결과는 모두 다모임 시간에 공유하기 때문에 학생들이 원하는 점들을 파악할 수 있습니다.

두 번째는 교육 활동 평가 설문을 활용하는 방법입니다. 한 해를 마무리할 즈음에 일 년간의 교육 활동에 대한 학생, 학부모, 교직원 설문조사를 실시합니다. 저는 이 설문조사 문항에 다모임 관련 항목을 넣을 것을 추천합니다. 간단하게는 다모임 활동 전반에 대한 만족도와 다모임에 바라는 점만 설문 문항으로 넣어도 됩니다. 세부적으로 알고 싶은 내용이 있다면 연구 담당교사의 협조를 구해 4~5문항 정도로 다모임 설문을 구성할 수 있습니다.

2019년에 우리 학교는 설문조사에 다모임 관련 항목을 넣었습니다. 그래서 전반적인 다모임의 만족도나 학생들의 요구사항을 알 수 있었습니다. 이는 비단 학생에게만 한정되지 않습니다. 교사나 학부모를 대상으로 한 설문조사를 할 때도 다모임에 대한 내용을 넣으면, 교육공동체가 바라는 방향을 파악하기 쉽습니다.

세 번째는 담당교사가 자체 설문을 만드는 것입니다. 2018년에 우리 학교에서는 자체 다모임 설문을 작성했습니다. 학생들에게 다모임을 하면서 좋았던 점, 아쉬웠던 점, 내년 다모임에서 해보고 싶은 활동이나 이야기 주제, 건의사항, 나에게 다모임이 주는 의미를 지면에 적어보도록 했습니다. 익명으로 한 설문조사이므로 학생들은 보다 자유롭게 자신의 생각을 적었습니다. 이를 통해 학생들이 어려워하는 지점은 무엇인지, 다모임에서 원하는 것은 무엇인지 알 수 있었습니다.

황강 다모임 설문조사

황강초등학교

우리학교는 2017년과 2018년에 전교생이 함께 하는 다모임을 실시하였습니다. 다모임을 하면서 느꼈던 여러분의 생각을 솔직하게 적어주기 바랍니다. 여러분의 생각이나 건의사항은 모아서 내년도 다모임을 운영하는 데 반영할 예정입니다.
2년 동안 다모임을 하면서 있었던 사전 모임, 모둠 구성, 생일파티, 건의사항, 모둠 협의, 간식, 스승의 날 행사, 산타 문화 행사, 다모임 임원 선거 등에 대해 천천히 생각해 보고 구체적으로 적으면 더욱 도움이 됩니다.

<응답자 정보>

※ 자신이 해당하는 학년에 체크해 주세요.

① 1학년 ② 2학년 ③ 3학년 ④ 4학년 ⑤ 5학년 ⑥ 6학년 (✓)

<응답 내용>

1. 다모임을 하면서 좋았던 점은 무엇입니까?

나의 의견을 눈치 보지 않고 말했다.

2. 다모임을 하면서 아쉬웠던 점은 무엇입니까?

토의 주제와 관련 없는 이야기를 했다

3. 내년에 다모임에서 해보고 싶은 활동이나 이야기 주제는 무엇입니까?

특별행사(할로윈파티), 독서토론

4. 다모임에 대한 건의사항이 있으면 자유롭게 이야기 해 주세요.

5. 다모임이 나에게 주는 의미를 한 마디로 표현해 봅시다.

나에게 다모임은 [초콜렛이] 다.

왜냐하면 [하면 할수록 재미있기] 이기 때문이다.

<다모임 설문조사>

우리 학교 다모임 달력

우리 학교는 2017년부터 3년간 자치활동으로 다모임을 운영했습니다. 2017년에는 처음 다모임을 하면서 학교만의 시스템을 찾아 나가는 시기였습니다. 2018년~2019년에는 시행착오를 바탕으로 보다 안정적으로 다모임을 운영할 수 있었습니다.

제가 다모임을 하면서 가장 궁금했던 점은 '도대체 다른 학교는 어떤 방식으로 다모임을 운영할까?' 하는 것이었습니다. 활동, 참여 대상, 시간 활용 등이 모두 의문이었습니다. 다른 학교에서 운영하는 예시를 참고하면 좋겠다 싶었습니다.

그래서 지난 3년간 우리 학교에서 했던 활동과 변화를 표로 나타내 보았습니다. 매월 진행된 다모임과 사전모임의 주제를 위주로 정리했습니다. 사전모임은 다모임의 시간 부족 문제를 해결하기 위하여 2018년부터 도입되었습니다. 사전모임은 중간놀이 시간을 활용하여 20분씩, 본모임은 1차시(40분)를 기준으로 운영했습니다.

우리 학교 다모임이 걸어온 길

우리 학교의 다모임 주제는 다음과 같습니다. 각각의 주제는 교육과정 행사와 연계하거나 학생들의 실질적인 학교생활과 관련이 있습니다. 업무를 추진하는 각계 선생님들의 요구를 반영하기도 하였고, 담당자로서 꼭 필요하다고 생각하는 내용을 넣기도 했습니다. 학생들의 의견을 물어 토의 주제를 정하고, 학생이 만드는 학생주도 행사를 하기도 했습니다.

구분		2017년(1년차)	2018년(2년차)	2019년(3년차)
3월	사전 모임	-	우리 학교 인사말 정하기	우리 학교 인사말 정하기
	본모임	우리 학교 인사말 정하기	공동체 활동(풍선 튕기기, 스티커 붙이기)	공동체 활동, 다모임을 하면서 우리가 지켜야 할 일
4월	사전 모임	-	우리 학교의 보물 3가지 찾기	우리의 언어습관을 되돌아봐요
	본모임	벽화 그리기 협의 운동회 종목 정하기	체육대회 관련 협의 (타이틀, 먹거리, 상품, 활동 등)	체육대회 관련 협의 (타이틀, 먹거리, 상품, 활동 등)
5월	사전 모임	-	우리 학교 운동장에 있는 꽃과 식물 조사하기	선생님께 감사한 점 찾기
	본모임	야영 식사 문제 협의	감사의 달 어떻게 기념할까(어버이날, 스승의 날)	스승의 날 어떻게 기념할까?
6월	사전 모임	-	모둠 태극기 만들기	모둠별 칭찬 샤워하기

	본모임	친구 관계, 선후배 관계를 어떻게 하면 좋게 만들 수 있을까?	호국보훈의 달(우리나라를 대표하는 것, 우리나라를 위해 할 수 있는 것, 북한 친구들과 하고 싶은 것, 통일이 되면 하고 싶은 일 협의)	청소년 리더십 연수 (전라북도선거관리위원회 강사)
7월	사전 모임	-	선거 이야기(어떤 사람이 학생 대표가 되면 좋을까, 2학기 학생 대표에게 바라는 점?)	학교생활을 하면서 잘 지켜지지 않는 점과 그 해결방안
	본모임	어떻게 하면 선생님들께 인사를 잘할 수 있을까?	학생주도 행사 (5~6학년 영화동아리 시사회-스마트폰 대탈출)	학생주도 행사 (몸으로 말해요 게임)
9월	사전 모임	-	하고 싶은 독서 행사	모둠 이름 및 규칙 정하기
	본모임	즐겁고 건강하게 추석을 보내는 방법 협의	내가 읽고 싶은 책에 대해 이야기 나누기	학생주도 행사 (황강 영화 동아리 시사회-3 VS 3)
10월	사전 모임	-	올해 방과후 학교의 좋았던 점과 아쉬운 점	한글 타이포그래피 (모둠별 단어 선정하여 꾸미기)
	본모임	학생주도 행사 (할로윈 파티-부스체험)	내년에 내가 꿈꾸는 방과후 학교	올바른 맞춤법 퀴즈
11월	사전 모임	-	올해 우리 학교 행사 TOP3 뽑기	방과후 학교 이야기 나누기
	본모임	교육과정 운영 반성 방과후 학교 토의	내년에 하고 싶은 행사 이야기 나누기	황강 영화 동아리 시사회(진로 영상) 진로체험 오리엔테이션
12월	사전 모임	-	어울림터 사용의 문제점과 해결방안	올해 우리 학교 행사 TOP3 뽑기

	본모임	일 년 동안 기억에 남는 일 내가 듣고 싶은 말	학생주도 행사 (산타문화행사-크리스마스 부스체험)	촛불의식 (올해 가장 좋았던 일과 내가 듣고 싶은 말) 학생주도 행사 (뽑으면 쏟아진다, 포토존)

<우리 학교의 다모임 달력>

3월에는 학기가 시작되는 시기이므로 우리 학교의 인사말이나 다모임 규칙을 정하고, 공동체 활동을 통해 친밀감을 형성합니다. 4월에는 주로 체육대회에 대해 협의를 합니다. 주로 5월 1일에 실시되는 체육대회에 학생의 의견을 반영하려면 4월의 다모임 활동에 포함해야 합니다. 새로운 토의 방법(월드카페 토론)을 활용하여 체육대회 타이틀이나 먹거리, 상품, 활동 등을 이야기 나누었습니다.

5월은 감사의 달이기 때문에, 이와 관련된 내용이 주로 안건으로 등장합니다. 선생님들께 감사하는 마음을 전하기 위한 방법을 학생들끼리 협의하고, 다모임에서 주도하여 스승의 날을 기념합니다. 최근 김영란법 도입으로 스승의 날을 기념하기를 꺼려하는 추세입니다. 하지만 우리 학교는 다모임 활동에서 학생들이 선생님께 감사한 점을 적고, 감사장을 전달하며, PPT를 만드는 등 순수하게 감사한 마음을 표현합니다.

6월에는 호국보훈의 달 관련 행사를 하거나, 청소년 리더십 연수를 등을 했습니다. 7월에는 한 학기를 돌아보며 학교생활을 하면서 잘 지켜지지 않는 점을 찾거나, 선거에 대해 생각해 보고, 우리 학교 영화 동아리의 시사회를 했습니다.

9월에는 추석, 독서행사 등 시기적으로 필요한 주제를 다루었고, 10월~11월은 방과후 학교나 올해 교육과정에 대한 학생들의 생각을 듣는 자리를 마련했습니다. 10월에 할로윈데이에 학생주도의 부스체험을 운영하거나 한글날 관련 활동을 했습니다.

12월은 그해의 마지막 다모임이 있는 달입니다. 한 해를 마무리하며 일 년 동안 기억에 남는 일이나 내가 듣고 싶은 말을 나누는 시간을 가졌습니다. 학생주도 행사의 일환으로 크리스마스 부스체험을 하거나, 촛불의식을 통해 서로의 마음을 나누고, 선물뽑기 코너를 운영하여 학생들이 즐거운 마음으로 한 해를 마무리할 수 있도록 했습니다.

우리 학교의 다모임 주제는 학교 여건과 학생들의 요구 등을 반영했습니다. 다모임의 주제를 정할 때는, 담당교사 혼자 주제를 정하기보다는 학생과 동료교사의 의견을 구하는 것이 좋습니다. 다모임은 교육공동체가 함께 만들어 나가는 활동이기 때문입니다. 또, 혼자 고민할 때 보다 여럿이 생각할 때보다 다채로운 다모임을 꾸려나갈 수 있습니다.

다모임 시작하기 1
: 시간, 참여 대상, 형태, 장소 정하기

막상 다모임을 하려면 무엇을 먼저 해야 할지 난감합니다. 그래서 전년도 계획을 답습하게 되는 경우가 많습니다. 그동안 해왔던 것 중 좋은 활동은 살려야 합니다. 하지만 1년 주기로 다모임 활동을 되돌아보면서 개선할 점을 찾아 나가는 것이 바람직합니다.

학교의 여건은 매년 같지 않습니다. 교육공동체의 가치도 조금씩 달라집니다. 저는 이런 변화를 긍정적으로 생각합니다. 변화는 발전의 가능성을 내포하고 있기 때문입니다. 그래서 다모임도 조금씩 변화할 필요가 있습니다. 교육과정 협의회나 교직원 회의, 다모임 시간 등을 통해 올해 다모임에 대해 이야기를 나누고, 내년도 다모임의 밑그림을 함께 그려나가야 합니다.

처음 다모임을 시작한다면 다음의 항목을 참고하여 우리 학교 다모임의 밑그림을 그려보세요. 이미 다모임을 하고 있는 경우에도 하나씩 짚어가며, 우리 학교에서 개선할 부분은 없는지 확인해 보면 좋습니다.

다모임 시간 정하기

다모임은 초등교육과정의 자치활동 시간으로 운영됩니다. 다모임을 하려면 무엇보다 시간 확보가 우선이어야 합니다. 이를 위해 2015 개정교육과정에 제시된 초등학교 시간 배당 기준[9]을 살펴보겠습니다.

초등학교에 배정된 창의적 체험활동 시간은 1~2학년군 336시간, 3~4학년군 204시간, 5~6학년군 204시간입니다. 이는 2년 동안 각 학년군에서 실시해야 하는 창의적 체험활동의 시간 수를 말합니다. 언뜻 보기에는 1~2학년군의 시간 수가 많은 것 같습니다. 하지만 1~2학년군에서만 운영되는 안전한 생활 64시간과 1학년을 대상으로 한 입학 초기 적응활동 68시간을 제외하면 학년군별 204시간이 있다고 보아도 무방합니다.

구분	1~2학년	3~4학년	5~6학년
창의적 체험활동	336 (안전한 생활 64)	204	204

<초등학교 창의적 체험활동 시간 배당 기준>

이 204시간을 2년 동안 얼마나 효과적으로 나누어 쓸 것인가가 관건입니다. 왜냐하면 창의적 체험활동에는 다양한 영역이 있습니다. 자율활동, 동아리활동, 봉사활동, 진로활동을 네 가지 영역에 적절하게 시간을 안배해야 합니다. 최근 자치활동이 강조되고 있지만, 너무 많은 시간을 자치활동에 사용할 수 없는 것이 바로 이런 이유 때문입니다. 다음은 교육과정에 제시된 창의적 체험활동 영

---

9) 2015 개정 교육과정 총론 해설 p.149

영역	활동
자율활동	• 자치활동 • 적응활동 • 창의주제활동 등
동아리활동	• 예술활동 • 체육활동 • 학술문화활동 • 실습노작활동 • 청소년 단체활동 등
봉사활동	• 이웃돕기활동 • 환경보호활동 • 캠페인활동 등
진로활동	• 자기이해활동 • 진로탐색활동 • 진로설계활동 등

<창의적 체험활동 영역별 활동 체계표>

역별 활동 체계표[10)]의 일부입니다.

우리 학교는 교육과정 협의를 통하여 11시간의 자치활동 시간을 배정했습니다. 3월~7월, 9월~12월까지 총 9달 동안 운영하는 다모임 9차시와 학기별 선거 2차시를 포함했습니다. 우리 학교의 경우 체험학습이 많아 행사 활동의 비중이 높은 편입니다. 매달 2차시의 자치활동을 운영하기에는 무리라고 판단되어, 3년간 매년 11차시씩 자치활동을 했습니다.

자치활동을 2주에 한 번씩 운영하는 학교도 있습니다. 이 경우에는 매달 운영하는 자치활동 시간과 선거를 포함하여 최소 20차시가 확보되어야 합니다. 매주 다모임을 운영하는 방법도 생각해 볼 수 있습니다. 이는 적어도 40차시 이상이 있어야 가능합니다. 자치활동에 큰 의미를 두는 학교나 자치활동이 학교의 특색 사업인 경우에는 가능하겠지만, 개인적으로 매주하는 방법을 추천하지는 않습니다. 자치활동이 중요하기는 하지만, 전부가 될 수는 없기 때문입니다. 자치활동에 너무 많은 시간을 배정하면 다른 활동을 할 시간에 제약을 받을 수 있습니다.

필요한 경우에는 자치활동 시간을 연속적으로 사용할 수 있습니다. 예를 들어

---

10) 창의적 체험활동 교육과정(교육부 고시 제2015-74호) p.6

한 번에 2차시씩 다모임을 운영하는 방안입니다. 학생주도 행사를 한다면 4차시 정도를 배정하여 계획부터 실행까지 한꺼번에 하는 것도 하나의 방법이 될 수 있습니다.

다모임의 시기도 정해야 합니다. 매달 초에 할 것인지, 말에 할 것인지 시기를 선정해야 합니다. 요일과 교시를 선택하는 것도 잊지 말아야 합니다. 저학년의 경우 4교시까지만 수업이 있는 요일이 있기 때문에, 대상 학년의 학생들이 모두 참여할 수 있는지 고려해야 합니다.

다모임의 시간과 시간을 정할 때 반드시 교직원 협의를 통해 정해야 합니다. 자치활동은 학교 교육 활동의 일부이기 때문에 얼마만큼의 시간을 배정할지 전체적으로 살펴볼 필요가 있습니다. 그리고 그 내용은 학교 교육과정에 반영하여, 다모임을 운영할 수 있는 법적인 시수를 확보해 두어야 합니다.

참여 대상 정하기

다모임의 참여 대상 범위를 어디까지 할 것인가는 학교마다 다릅니다. 6학급 이하의 소규모 학교는 보통 1학년부터 6학년까지 모두 함께 다모임을 합니다. 하지만 6학급 이하라 하더라도 학생 수가 50명이 넘는 경우에는 전교생이 한 번에 활동을 하기 어렵기 때문에 저학년과 고학년을 나누는 것이 좋습니다. 학년별로 2개 학급 이상인 경우에는 학년별 다모임을 진행하면 됩니다. 학급당 학생 수가 많고, 학교의 규모가 크다면 학급별로 다모임을 활성화하면 됩니다.

참여 대상이 정해지면 전체적인 학교 다모임의 방향은 함께 의논하되, 세부적인 사항은 소그룹별로 논의하면 됩니다. 우리 학교는 소규모 학교라서 전교생이 참여하고, 다모임의 운영 방향에 대한 회의도 전체 교사가 합니다.

모둠을 나눌 때도 고려할 사항이 있습니다. 전교생을 대상으로 할 때는 모둠별로 성별과 학년이 고루 섞이도록 해야 합니다. 작은 학교의 경우, 선생님들께서 학생 개개인의 특성과 성격을 알고 있기 때문에 다양한 성향을 지닌 아이들이 한 모둠에 편성되도록 해야 모둠 활동이 잘 일어날 수 있습니다. 너무 소극적인 아이나 적극적인 아이들만으로 구성하면 아이들끼리 상호작용이 원활하게 일어나지 않습니다.

자치활동의 형태 정하기

앞서 말씀드린 것처럼 자치활동은 다양한 형태로 운영할 수 있습니다. 학급회의나 토론회, 자치법정, 다모임, 전교 어린이 회의 등 여러 종류입니다. 학교에서 자치활동의 형태를 선택할 때에는 학교의 여건과 교육적 요구를 고려해야 합니다.

공식적인 우리 학교의 자치활동은 다모임입니다. 교육과정의 자율활동 시간을 배정하여 운영하는 자치활동은 다모임뿐입니다. 학급 단위로 어떤 주제에 대해 의논하거나, 특정 활동을 할 때는 담임 선생님께서 교과와 연계하거나 별도의 시간을 확보합니다. 학생 수가 적은 농어촌 학교의 특성상 학급에서 이루어지는 자치활동보다 전교생이 함께 하는 다모임에 더 큰 가치가 있을 거라는 합의에 의한 것입니다.

자치활동의 형태를 정할 때는 각 학교의 여건을 고려하는 것이 중요합니다. 그리고 각 학교에 근무하는 선생님들께서 학교의 여건을 제일 잘 알고 계십니다. 협의를 통해 다모임을 할 것인지, 학급회의를 할 것인지 정하면 됩니다. 학급회의와 다모임 시간의 비율을 정해서 둘을 고르게 배정하는 것도 좋습니다. 자치법정이나 토론회 등을 진행할 수 있는 여력이 된다면, 자치활동의 일부로 이런 방법 등을 선택해도 됩니다.

최근에는 학급을 대상으로 한 자치활동이나 교과통합 자치활동에 대해 관심이 높아지고 있으며, 이와 관련된 출판물들도 속속 등장하고 있습니다. 아이(AI-SSRO) 초등 자치 프로젝트[11]나 학교자치 스쿨퍼실리테이션[12]을 참고하면, 학급 단위의 자치활동을 전개해 나가는 데 도움이 됩니다. 이영근 선생님께서 쓰신 학교자치[13]를 보면 큰 학교에서 어떻게 학생들과 자치활동을 꾸려 나가는지 살펴볼 수 있습니다.

다모임 장소 정하기

다모임을 어디에서 할 것인가도 미리 정해야 합니다. 장소는 참여 대상과 밀접한 관련이 있습니다. 참여 대상이 적으면 교실 안에서 다모임을 해도 충분합니다. 그러나 참여 대상이 많다면 넓은 공간을 확보해야 합니다.

작은 학교에서 전교생을 대상으로 다모임을 한다면 최대한 넓은 공간을 추천합니다. 다모임에서는 협의뿐 아니라 공동체 놀이, 생일 축하, 부스체험 등 다양한 활동을 하게 됩니다. 장소가 좁으면 활동을 하는 데 제약이 따릅니다. 공간은 사람의 사고나 행동에 영향을 미칩니다. 저는 학생들이 다모임을 하면서 수업시간에 느끼지 못했던 자유로움과 여유를 갖기를 바랍니다. 그래서 우리 학교에서 제일 넓은 어울림터에서 다모임을 진행합니다.

협의 활동을 주로 하는 경우에는 교실을 활용해도 됩니다. 다모임을 할 때 학생들이 모여서 협의할 수 있는 자치활동실이 따로 있으면 좋지만, 학교 여건상 자치활동실을 구비하고 있는 곳은 드뭅니다. 교실에서 할 때는 어느 교실이 적합한지 선정하고, 해당 교실을 담당하는 분의 협조를 구해야 합니다.

---

11) 아이 스스로 초등 자치 프로젝트, 김현우 외 공저, 하움출판사

12) 교사가 먼저 시작하는 학교자치 스쿨퍼실리테이션, 권재우 지음, i-scream

13) 학교 자치(어린이들이 만들어 나가는 학교 민주주의), 이영근 지음, 에듀니티

다모임 시작하기 2
: 활동 및 역할 정하기, 예산 및 계획 세우기

앞에서는 다모임의 시간, 참여 대상, 형태, 장소를 정하는 방법을 이야기했습니다. 이어서 다모임 활동 정하기, 예산 및 계획 세우기에 대해 말씀드리겠습니다.

다모임 활동 정하기

가능한 일 년간 다모임에서 어떤 활동을 할지 미리 정하면 좋습니다. 매번 이루어지는 다모임에서 무엇을 할지 고민하는 시간을 줄일 수 있기 때문입니다. 또, 학생들의 의견을 반영하여 추진해야 하는 행사가 있다면 계획에 넣어서 보다 체계적으로 운영할 수 있습니다.

한편, 일 년 동안 이루어질 다모임 계획을 한꺼번에 작성하는 것은 쉽지 않습니다. 다모임에 꼭 들어가야 할 협의 주제나 활동 등만 넣고, 나머지는 빈칸으로 남겨 두어도 됩니다. 한 해를 보내다 보면 갑자기 다모임 활동의 아이디어가 떠오르거나, 교육적 필요에 의해 다모임을 해야 할 상황이 생깁니다. 이런 경우를 위해서도 다모임 활동에 여백을 남겨 놓아야 합니다.

다모임은 협의, 친교 활동, 학생주도 행사, 계기 활동, 교육과정 연계 활동 등 다양한 활동으로 편성하면 좋습니다. 협의에만 치우치면 회의의 한계에서 벗어나지 못합니다. 친교를 강조하면 놀이나 체육이 다모임의 주를 이룰 수 있습니다. 학생주도 행사를 과도하게 편성하면 행사를 준비하고, 실행하는 데 많은 시간이 소요됩니다. 어떤 방향으로 다모임을 운영할지는 보통 협의를 통해 정합니다. 이때에는 내년도 다모임의 모습을 구상하면서 특정 활동에 지나치게 편중되지 않게 하는 것이 바람직합니다.

우리 학교의 경우 사전모임은 협의 중심으로 운영합니다. 본모임에서는 일 년 동안에 친교 활동, 학생주도 행사, 계기 활동 등을 각 1~2회 정도, 협의 활동은 4~7회 정도 진행했습니다.

다모임 역할 정하기

다모임은 혼자 추진해 나가기가 어렵습니다. 다모임의 역할은 세분화할수록 좋습니다. 역할을 분담하면 다모임을 추진하는 담당자의 부담이 줄어들고, 보다 많은 사람이 다모임에 관심을 갖게 할 수 있습니다.

우리 학교의 경우 다모임이 모둠별로 조직되어 있습니다. 그리고 각 모둠별로 모둠장을 둡니다. 모둠장은 협의를 진행하거나 중요한 사항을 모둠원들에게 전달하는 역할을 합니다. 교장·교감 선생님과 만남의 날에서 모둠의 협의 결과를 전달하는 통로가 되기도 합니다. 이렇게 학생들에게 각자 담당하는 역할을 주면, 보다 책임감 있게 다모임 활동에 참여하게 됩니다. 모둠은 1학기에 1번씩 바꾸는데, 모둠장도 함께 바뀌며 모둠의 이름을 모둠 내에서 협의하여 정합니다. 모둠 이름을 정하는 활동은 새로운 모둠에서 모둠장이 주도하여 이루어지는 첫 번째 협의이자, 그 모둠만의 특색을 담게 됩니다.

선생님들의 역할도 정해야 합니다. 우리 학교 다모임은 주로 모둠별로 활동이 이루어지는데, 담당교사가 일일이 모둠 활동을 돌아보거나 체크하기 어려운 상황이 생깁니다. 담당교사 혼자 하려면 각 모둠에서 선생님의 도움이 필요한 때에 바로 도움을 주기 힘든 경우도 있습니다. 그래서 우리 학교는 모둠별로 담당교사를 배정합니다. 전체 교사가 8명이므로 1학기와 2학기로 나누어서 각각 4개의 모둠을 담당합니다. 모둠을 담당하는 교사는 사전모임의 결과를 확인하거나, 협의 활동 중에 학생들의 의문에 답해주는 역할을 합니다. 사전모임을

구분	1학기	2학기	역할
1모둠	김○○	남○○	• 월별 미션 및 활동 계획 참여 • 사전 모임 활동 독려·점검 • 모둠 학생 협의 도움 • 생일 모자 씌우기 • 생일 꽃 전달하기(교감 부재 시)
2모둠	김○○	오○○	• 월별 미션 및 활동 계획 참여 • 사전 모임 활동 독려·점검 • 모둠 학생 협의 도움
3모둠	이○○	송○○	• 월별 미션 및 활동 계획 참여 • 사전 모임 활동 독려·점검 • 모둠 학생 협의 도움 • 모임 참석자 연락(부재 시) • 간식 도움(매 학기 1회)
4모둠	김○○	정○○	• 월별 미션 및 활동 계획 참여 • 사전 모임 활동 독려·점검 • 모둠 학생 협의 도움 • 방송 준비 • 사전 모임 장소 만들기

<우리 학교 교사의 역할 분담>

하는 날에는 학생들이 각 모둠별 담당교사의 교실에 모여서 협의를 하고, 본모임을 할 때는 해당하는 학기의 담당교사는 꼭 참석하여 학생들의 활동을 돕습니다.

아무리 사소한 일이라도 담당교사 혼자서 처리하기에는 무리가 있습니다. 다모임을 운영하면서 해야 하는 일들을 떠올려보고 역할을 나누어야 합니다. 세부적이고 구체적일수록 다모임이 훨씬 매끄럽게 진행될 수 있습니다. 미처 생각하지 못했던 부분에서 도움이 필요할 수도 있기 때문에 다모임을 1~2번 한 후에는 역할을 수정해는 나가는 것이 좋습니다.

다모임 예산 세우기

다모임을 추진하려면 관련 예산을 수립해야 합니다. 예를 들어 생일 축하를 하려면 꽃이나 부직포 등을 연간 구입할 비용이 있어야 합니다. 다모임에서 협의 활동이 주를 이루므로 유성 매직이나 2절지, 모둠별 책상, 매트 등이 구비되어 있으면 좋습니다. 또, 선거 용품인 투표함과 기표소는 빌릴 수도 있지만, 예산에 여유가 있으면 직접 구매해서 학교에 비치해 놓으면 편합니다.

전라북도 교육청에서는 학교기본운영비(경상사업비 제외)의 1% 이상을 자치활동 예산으로 편성하도록 하고 있습니다. 2019년 우리 학교의 학교기본운영비는 1억 47백만원가량이고, 자치활동의 예산은 170만원입니다.

먼저 다모임 운영비는 매달 다모임을 하는 데 드는 비용입니다. 간식, 생일 축하, 모둠 협의 등에 소요되는 물품과 기본적으로 다모임 활동을 하는 데 필요한 물건 등을 구입하는 데 사용합니다. 학생주도 행사비는 매년 1~2회 정도 실시하는 학생이 만드는 행사 활동을 하는 데 드는 비용입니다. 협의활동 지원비는 다모임을 주로 이끌어 나가는 5~6학년 학생이 협의를 할 때나, 교장·교감 선생님과의 만남 시간에 학생들이 먹을 다과를 구입할 때 씁니다.

올해 다모임을 운영한 결과 예산이 부족했다면 12월 말에 내년도 예산을 편성할 때, 증액해야 합니다. 만약 다모임 예산이 남는 경우에는 다모임 활동을 하는데 기본적으로 필요한 물품 등을 미리 구비해 놓으면 좋습니다. 저는 남는 예산을 모둠 책상이나 매트, 선거 용품을 구입하는 데 주로 사용했습니다. 다모임은 매년 이루어지는 활동이므로 올해에 사둔 물건은 다음 해에도 두고두고 쓰게 됩니다.

예산의 산출 내역을 완벽하게 세우기란 어렵습니다. 활동을 하다 보면 생각지도 못한 곳에 예산이 많이 들어가기도 하고, 예상했던 것보다 예산이 덜 소요되는 부분도 있습니다. 정확하게 예측하기는 어렵지만 학교의 예산 상황을 고려하고, 한 해의 다모임의 흐름을 생각하여 되도록 넉넉하게 예산을 세우는 편이 좋습니다. 예산이 없으면 학생 자치활동을 하는 데도 제약을 받기 때문입니다. 그리고 예산을 사용할 때도 예산이 필요한 부분을 먼저 파악한 후에 적절히 안배해서 12월까지 부족함이 없도록 해야 합니다.

세부사업	세부항목	2학기		예산(천원)
자율활동	학생 자치활동	다모임 운영비	100,000원 × 9회	900
		학생주도 행사비	250,000원 × 2회	500
		협의활동 지원비	50,000원 × 6회	300

<2019학년도 우리 학교 다모임 예산 편성 내역>

다모임 계획 수립하기

다모임 운영에 대한 전반적인 협의가 끝나면 담당자는 다모임의 계획을 수립하게 됩니다. 계획서에는 기본적으로 다모임의 목적과 방침, 참여 대상, 시간 및 장소, 활동 등이 들어가게 됩니다.

다모임의 계획서는 2~3장 내외로 간단하게 작성하는 것이 좋습니다. 하지만 세부적인 내용은 최대한 많이 포함해야 합니다. 모둠 구성은 어떻게 할 것인가, 역할 분배는 어떻게 할 것인가 등을 미리 생각해서 자세히 기록해야 합니다. 무엇이든 구체적으로 계획이 되어 있을 때, 실행하기가 쉽습니다.

다음은 우리 학교의 다모임 계획서의 개요입니다. 일반적인 계획서의 형식에 따라 목적, 방침, 세부 운영 계획, 유의점 순으로 되어 있습니다. 담당자가 가장 신경 써서 작성해야 할 부분은 세부 운영 계획입니다. 언제, 어디에서, 어떻게 다모임을 추진할 것인가에 대해 핵심적으로 제시되는 부분이기 때문입니다. 매월 어떤 활동을 할 것인가를 모두 정하지는 못하더라도, 교사 협의 및 학생의 의견을 반영해서 대략적인 흐름은 세워두는 것이 좋습니다.

계획을 세울 때, 앞에 제시된 내용을 살펴보면서 빠진 것은 없는지 확인해 보세요. 계획이 전부는 아닙니다. 하지만 나아갈 방향을 가늠하는 이정표가 없으면 길을 헤매게 됩니다. 여러 여건을 고려하면서 작성한 다모임 계획서는 한 해 동안 우리 학교 자치활동의 길잡이가 될 것입니다.

한 번 다모임 계획을 구체적으로 세워두면, 다음 해부터는 세부 운영 계획이나 참고사항을 중점적으로 변경하면 됩니다.

순서	구분	내용
1	목적	• 자율적인 생활 태도와 민주시민으로서 자질 함양 • 자존감 형성 및 상호존중 태도 신장 • 협의 등을 통한 문제해결능력 신장
2	방침	• 대상 • 모둠 구성 및 모둠장 선출 관련 • 다모임장, 부다모임장의 대상 학년 및 선출 방법 • 전교 다모임(교육과정 연계)과 학급 다모임(자율)
3	세부 운영 계획	• 실시 시기, 장소, 참석 대상 • 전반적인 활동 내용 • 다모임의 조직(체계) • 연간 다모임 계획(월별 계획, 사전모임, 교장·교감선생님과의 만남 포함) • 업무추진 계획(업무별 담당자 포함) • 학교 자치게시판 활용 • 예산 사용 계획
4	지도상의 유의점	• 학교 교육 활동과 긴밀하게 관련되어야 함 • 학생이 주체가 되는 자율활동이어야 함 • 교사의 사전지도가 필요함 • 학생 개인의 의사를 존중해야 함
5	참고사항	• 전교생 및 교직원 생일 목록 • 모둠별 학생 명단 • 모둠별 담당교사 및 역할

<우리 학교 다모임 계획서의 개요>

울림 넷

다모임을 향한 시선

아이 눈으로 다모임 보기

몇 년 전, '아이 눈으로 수업 보기'에 대한 관심이 뜨거웠습니다. 그동안의 수업은 교사에 초점이 맞춰져 있었습니다. 학습 목표를 구체적으로 진술하는지, 수업 설계가 잘 되었는지, 평가는 적절한지 등 교사가 얼마나 수업을 잘 이끌어 나가는지를 확인하는 장이었습니다. 수업공개를 앞둔 교사는 부담감 때문에 평소와 달리 새로운 활동을 넣거나, 학생들이 발표를 잘 하도록 독려하는 등 진풍경이 연출되기도 했지요.

'아이 눈으로 수업 보기'는 이런 발상을 완전히 뒤집는 형태의 수업 나눔이었습니다. 시선을 교사에서 학생으로 돌려서 학생이 수업에 잘 몰입하고 있는지, 어느 부분에서 어려워하는지, 수업에 대한 이해 정도는 어느 정도인지, 어떤 도움을 주었을 때 학생의 배움이 더욱 성장할 수 있는지 등 학생의 입장에서 수업을 바라보는 교육 철학이었습니다.

저는 다모임도 아이 눈으로 볼 필요가 있다고 생각합니다. 최근 다모임에 대한 관심이 뜨거워지면서 다모임을 통해 학생들이 획기적으로 변화할 거라 여기는 시선이 있기 때문입니다. 제가 3년간 다모임을 운영해 본 결과 아이들은 눈에 띄게 성장하지는 않았습니다. 다만 조금씩 더디게 한 걸음씩 나가는 모습을 보였지요.

발표할 때 우물쭈물한다거나 모둠 협의를 할 때 의견을 내지 않는 것 등이 다모임의 실패처럼 여겨질 때가 있습니다. 학생들의 협의 결과가 실현 불가능할 때도 있습니다. 특히나 건의사항의 경우 '학생들 스스로 해결할 수 있는 문제인데 왜 건의를 했을까?', '이건 학교 상황에 전혀 맞지 않은데…'라고 여겨지는 부분이 있었습니다.

이는 모두 어른의 시선으로 보았기 때문입니다. 어른의 시선으로만 바라보면 학생들이 활동하는 모습이 기준에 부합하지 않을 수 있습니다. 서툴고 더디게 성장하는 모습이 이해되지 않을지 모릅니다.

다모임에서 학생들이 의견을 냈을 때, 다소 이해되지 않더라도 일단은 들어주는 것이 중요합니다. 분명히 의견을 제시한 이유가 있을 겁니다. 까닭을 잘 이야기하지 못하더라도 생각을 들어주고, 말할 기회를 주는 것 자체가 중요합니다. 비현실적인 의견은 적절한 이유를 들어 왜 받아들여질 수 없는지 이야기해 주면 학생들도 수긍합니다. 지나치게 소소해서 전체적으로 다룰 필요가 없는 건의사항은 학생 스스로 해결해보도록 조언해 주어야 합니다.

때로는 다양한 의견이 학생들의 과도한 요구처럼 느껴지기도 합니다. 이는 어느 한쪽의 잘못이라기보다 사안을 바라보는 눈높이가 맞지 않기 때문에 벌어진 상황입니다. 보다 객관적으로 상황을 바라볼 수 있도록 학교 여건과 까닭 등에 대해 자세히 설명해 주다 보면, 학생들은 점차 합리적인 의견을 제시해 나갈 수 있습니다. 그때까지 너그러운 마음으로 학생들이 활동하는 모습을 지켜봐 주는 건 어른들의 몫입니다.

죽순은 4년 동안이나 땅속에 있습니다. 5년째 되는 해에 자라기 시작해 한 해에 25m까지 자란다고 합니다. 저는 학생들의 성장이 죽순과 같다고 생각합니다. 변화하지 않는 것 같지만, 어느 순간 보면 훌쩍 자라나 있지요.

다모임을 몇 해째 지속해도 성숙하지 않다고 여겨진다면, 죽순의 모습을 떠올려 보세요. 학생들은 생각보다 천천히 성장합니다. 어른의 시선으로 보면 미숙해 보일지라도 그 안은 제법 단단해지고 있을 것입니다. 덜 자란 것보다는 오히려 웃자란 것을 걱정해야 합니다. 덜 자란 것은 앞으로 충분히 성장할 가능성을 내포하고 있습니다.

다모임을 운영하는 선생님과 그 모습을 지켜보는 교육공동체 분들에게 다모임을 꼭 아이 눈으로 바라보길 권장합니다. 아이의 눈으로 볼 때 보다 열린 마음으로 다모임을 대할 수 있을 것입니다.

CHAPTER 05

우리가 내디딘 발걸음

3년 동안 우리 학교에서 했던 활동을 소개합니다.
그동안 이루어진 활동을 학생 생활 협의, 학교 행사 협의, 친교 활동,
학생주도 행사, 계기 활동, 기타 활동으로 나누었습니다.
구체적인 운영방법과 활동사진을 실어 다모임을 운영하고자 하는
분들에게 실질적인 도움이 되고자 합니다.

학생 협의 활동 1

: 학생 생활 관련 주제

▣ 우리 학교 인사말을 정해보아요

학교의 인사말을 학생들이 직접 정한다는 것은 매우 의미 있는 활동입니다. 하루에도 몇 번씩 인사말을 하고, 듣는 사이에 우리 학교만의 유대관계가 형성됩니다. 스스로 결정한 인사말을 하면서 학생도 자부심을 느낄 수 있습니다. 그래서 우리 학교에서는 매년 3월이 되면 학교의 인사말을 정합니다.

2017~2019년 우리 학교 인사말

2017년의 인사말은 '건강하세요'였습니다. 학생들이 개별적으로 제안한 인사말인 '좋은 하루 되세요', '건강하세요', '감사합니다' 중 다수결로 선정했습니다. 인사말을 제안한 학생은 앞에 나와서 인사말과 제안한 까닭을 말하고, 학생들은 거수를 통해 우리 학교 인사말을 선정했습니다.

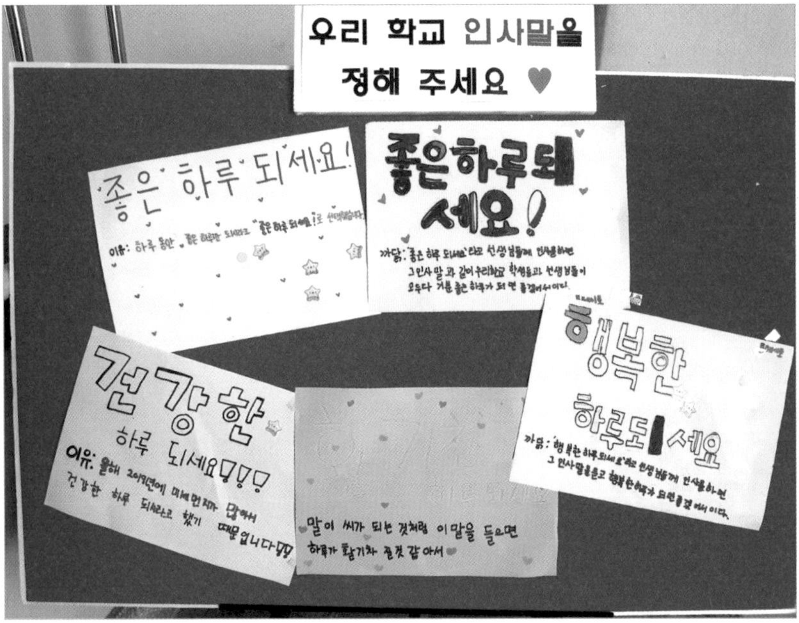

<우리 학교 인사말 투표>

2018년의 인사말은 '행복하세요'였습니다. 사전모임 시간에 모둠별로 각자 인사말을 제안하고, 실제 다모임 시간에 다수결로 인사말을 정했습니다. 2019년에는 새로운 방법을 도입했습니다. 각 모둠별로 1~2개 정도의 인사말과 그 까닭을 적어 우드락에 붙이면, 전교생이 마음에 드는 인사말에 스티커를 붙였습니다. 투표는 선생님들도 함께 참여하였습니다. 그래서 2019년의 인사말은 '좋은 하루 되세요'로 결정되었습니다.

인사말이 가져온 변화

인사말은 단순한 말 이상의 힘이 있습니다. 좋은 의미를 담고 있는 인사말은 더욱 그렇습니다. 학생들이 '좋은 하루 되세요'라고 인사하면 선생님들도 '너도 좋은 하루 되렴' 하고 답하게 됩니다. 학교 내에서는 외부 손님께도 자연스럽게 우리 학교의 인사말을 씁니다.

상대방의 건강과 행복, 좋은 하루를 비는 우리 학교의 인사법은 상대방의 기분도 좋게 만듭니다. 무엇보다도 학생들이 직접 정하고, 선생님들이 존중해 준다는 점에서 학생 자치의 가치가 실현되고 있다고 볼 수 있습니다.

알아 두면 좋은 활동 Tip

인사말을 정하자고 하면 의외로 '안녕하세요'나 '감사합니다'처럼 일상적으로 쓰는 말들을 제안하는 경우가 있습니다. 인사말은 우리 학교만의 가치를 담아야 합니다. 이럴 때 학생들에게 인사말 정하기의 의미를 설명해 주어야 합니다.

'안녕하세요'는 특색 있는 인사말이 되기 어려우므로 다른 인사말을 찾아보자고 했습니다. '감사합니다'는 무언가 상대방에게 고마운 마음을 전하는 특별한 상황에서 쓰는 말이므로 평상시에 쓰는 인사말로는 적당하지 않다고 설명했습니다. 이런 과정을 통해 학생들은 우리 학교만의 인사말을 찾아가게 됩니다.

▣ 모둠 이름 정하기

우리 학교에서는 2018년부터 학기별로 1회씩 모둠의 구성원을 바꾸었습니다. 새로운 모둠이 구성되면 우선 모둠의 이름을 정합니다. 모둠의 이름을 정할 때는 모둠 구성원들이 낸 의견 중에서 고릅니다. 의견을 제시할 때는 꼭 그 이름의 의미를 함께 이야기하도록 합니다. 의미까지 함께 알면 모둠 이름만 들었을 때와는 다른 느낌을 갖게 됩니다. 모둠이 추구하는 방향과 가치 등을 어렴풋이 이해하게 되는 것이지요.

모둠 이름 정하기는 모둠원들의 친목을 도모하면서 모둠의 정체성을 부여하는 첫 번째 활동입니다.

2017~2019년 우리 학교 모둠명

각 모둠의 이름이 결정되면, 다모임 시간에 모둠장이 앞에 나와 전체를 대상으로 발표하게 합니다. 다른 모둠의 이름은 무엇인지, 어떤 뜻을 가지고 있는지 학생들은 관심 있게 듣습니다.

2017년에는 1년 동안 모둠을 바꾸지 않았는데 모둠 이름은 느티나무, 은하수, 시엘드, 햄스터였습니다. 2018년 1학기에는 무지개보석, 별자리, 무지개, 당근 모둠, 2학기에는 피카츄, 크리스탈, 개복치, 당근 푸딩 모둠이 있었습니다. 2019학년도 1학기에는 포테이토, 마카롱, 파이리, 치즈 모둠, 2학기에는 냥이, 블루몬, 이상해씨, 머니 모둠이 있었습니다.

모둠 이름은 욕설이나 비방 등이 들어 있지 않는 한, 있는 그대로 인정해 줍니다. 학생들이 정한 모둠명이 생소한 것들이라도 생각보다 좋은 의미가 담겨 있기도 합니다. 그래서 학생들이 결정한 모둠명은 가능한 존중해 줄 필요가 있습니다.

이 활동은 학생들이 새로운 모둠에서 하는 첫 번째 협의 활동입니다. 어렵지 않은 주제이고, 활동을 하면서 학생들이 서로 친밀해집니다. 새로운 모둠이 구성되면 모둠의 이름이나 구호를 정하도록 하면 좋습니다.

알아 두면 좋은 활동 Tip

간혹 모둠 이름을 장난으로 정하는 경우가 있습니다. 같은 모둠 아이들도 재미있다면서 이에 동조하기도 하죠. 그래서 모둠 이름을 정할 때는 활동의 의미를 먼저 알려 주어야 합니다.

모둠 이름 정하기는 단순히 재미있는 이름 짓기가 아닙니다. 모둠의 특성, 모둠원들이 좋아하는 것, 앞으로 나아갈 방향 등을 담고 있어야 합니다. 이름이 정해지면 1학기 동안은 해당 이름으로 불리게 된다는 사실도 인지해야 합니다.

한두 사람의 의견이 지나치게 반영되거나 대충 모둠의 이름을 정하지 않도록 사전에 모둠장에게 관련 사항을 말해 두어야 합니다. 그러면 모둠장은 모둠 활동을 할 때 되도록 많은 사람의 의견을 듣고, 보다 의미 있는 모둠 이름을 정하려고 노력하게 됩니다.

▣ 다모임 규칙 정하기

다모임은 여럿이 모여서 하는 활동입니다. 교육과정의 일환으로 실시되기 때문에 시간도 제한되어 있습니다. 그래서 다모임에는 규칙이 필요합니다.

규칙이 없으면 마찰이나 다툼이 생길 가능성이 높습니다. 모둠 활동을 방해하는 행동은 원활한 협의를 어렵게 할뿐더러, 모둠 내 갈등을 생기게 합니다. 이런 상황을 미연에 방지하기 위해서 우리 학교에서는 학기 초에 다모임의 규칙을 정합니다.

학생이 정하는 다모임 규칙

처음 다모임을 시작했을 때는 다모임의 규칙을 담당자가 제시했습니다. 다모임을 할 때 학생들이 꼭 이해하고 함께 실현해 나가면 좋겠다고 생각하는 것들이었습니다. '서로에 대해 관심 가지기와 배려하기, 스스로 생각하고 행동하기, 틀리는 것을 두려워하지 말기'를 규칙으로 삼았습니다. 다모임 시간의 앞부분에 학생들이 함께 규칙을 읽고, 그 의미를 공유했습니다.

그러다 어느 순간, 학생들이 직접 다모임의 규칙을 만드는 것이 맞겠다는 생각이 들었습니다. 다모임에서 활동을 하는 주체인 학생들이 어떤 부분에서 어려움이 있고, 개선되기를 원하는지 더 잘 알고 있으리라 여긴 것입니다.

2019년 3월에는 다모임을 하면서 지켜야 할 일을 스스로 정해보도록 했습니다. 학생들은 2년여의 다모임 활동 경험이 있었습니다. 그간 모둠 활동이나 다모임에서 겪었던 불편한 사항이나 다른 사람들이 지켰으면 좋겠다고 생각하는 점들을 다모임의 규칙으로 정했습니다.

규칙 정하기는 모둠별로 했습니다. 모둠별로 2절지와 유성 매직도 준비했습

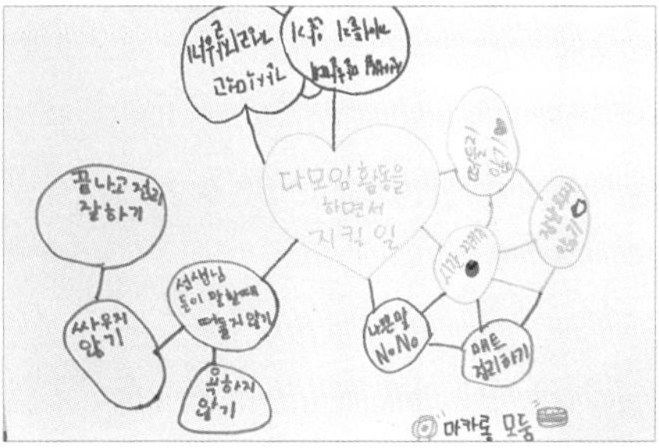

<다모임 규칙 정하기>

<다모임 규칙을 붙여 놓은 게시판>

니다. 올해 다모임 활동을 하면서 모둠원들이 지켜야 할 일들을 1분 동안 적으며 생각을 정리하도록 했습니다. 이후에 모둠 내에서 돌아가면서 자신의 생각을 이야기합니다. 모둠장은 회의를 진행하며, 모둠별로 협의가 끝난 후에는 앞에 나와서 전체에게 모둠의 협의 결과를 발표합니다.

모둠별로 작성한 협의 결과지는 우리 학교 자치활동 게시판에 붙여 두었습니다. 학생들이 복도를 지날 때 보면서 규칙을 떠올리기 바랐기 때문입니다.

알아 두면 좋은 활동 Tip

모둠별로 공통적으로 나오는 의견이 있습니다. 정리 잘하기, 떠들지 않기, 경청하기 등은 대부분의 모둠이 포함하고 있습니다. 담당교사는 공통되거나 중복되는 내용을 선정하여 우리 학교 다모임 규칙을 만들 수 있습니다.

협의 활동에서 제안된 의견은 학생들이 해당 규칙의 필요성을 인지하고 있다는 의미이기도 합니다. 의견을 종합하여 다모임의 규칙을 만들어 붙여 두세요. 학생들이 자주 오가는 복도의 벽면이나 다모임이 주로 이루어지는 곳이면 좋습니다.

규칙은 하나의 약속입니다. 학생들은 스스로 만든 다모임 규칙을 보면서 관련 내용을 상기하고, 이를 지키도록 노력할 것입니다.

▣ 우리의 언어습관을 되돌아봐요

우리는 말을 하지 않고 살 수 없습니다. 일상생활에서 수많은 대화를 하게 되는데, 상대방의 감정을 상하게 하는 말은 자칫 다툼으로 번질 수 있습니다. 학교에서 지속적으로 바른말 쓰기, 상대방의 감정을 고려하기 등을 지도하고는 있지만, 순간적으로 감정적인 말들이 튀어나오기도 합니다.

2019년 4월 무렵, 우리 학교에서는 말로 인해서 학생들이 다투는 경우가 몇 번 생겼습니다. 그래서 다모임에서 언어습관에 대해서 이야기할 필요성이 제기되었습니다. 무엇이 문제이고 해결방법은 무엇인지 스스로 생각하다 보면, 학생들의 언어습관에 변화가 생길 것이라 여겼기 때문입니다.

언어습관의 문제점과 해결방안

4월의 사전모임 주제는 '우리의 언어습관을 되돌아봐요'로 선정했습니다. 이는 교육적 필요에 의한 것이었습니다. 모둠별로 평소 사용하는 언어습관 중 잘못된 부분과 해결방안을 생각해 보도록 했습니다. 학생들은 대부분 순간적으로 욕이 나오거나 기분 나쁜 말투로 이야기하는 것을 문제점으로 꼽았습니다. 해결방안으로는 상대방을 배려하면서 말하기, 욕을 하지 않기 등이 제시되었습니다. 부모님께 높임말을 쓰지 않는 것을 문제점으로 적은 모둠도 있었습니다.

사전모임에서 협의한 결과를 본모임에서 모둠별로 발표했습니다. 학생들은 서로의 생각을 공유하고, 각자의 언어습관을 되돌아보는 시간을 가졌습니다.

언어는 습관입니다. 한번 협의를 했다고 해서 단숨에 말투나 행동이 개선되지 않습니다. 협의한 결과를 지속적으로 떠올리며, 자신의 언어습관을 되짚어 볼 수 있도록 계단 벽면에 모둠 발표 종이를 붙여 놓았습니다. 한 달 동안 벽면에

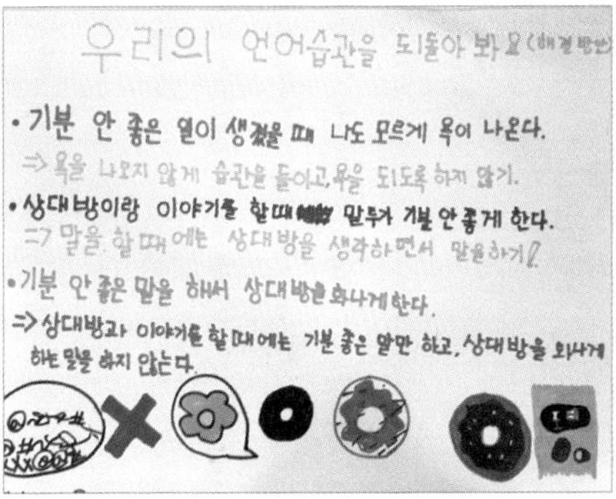

<언어습관의 문제점과 해결방안>

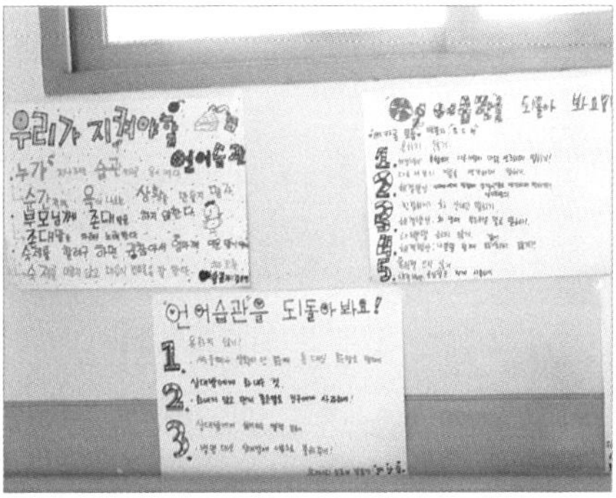

<벽면에 붙인 활동 자료>

붙여 놓은 모둠 활동 결과지는 학생들의 올바른 언어습관을 유도하며, 학교폭력 예방의 효과도 있었습니다.

▣ 사이좋은 선후배 관계 만들기

우리 학교는 선후배 사이의 교류가 활발합니다. 학생 수가 적다 보니 전체 체험학습이 많고, 방과후 수업도 학년군과 함께합니다. 다모임이나 외부교육도 대부분 전교생이 참여하곤 합니다. 그러다 보니, 필연적으로 선후배 사이에 다툼이 생길 때가 있습니다.

특히 다모임은 1학년부터 6학년까지 참여하다 보니 어려움이 많았습니다. 고학년이 볼 때 저학년의 의견은 터무니없거나 대화 규칙을 지키지 않는 듯했고, 저학년은 고학년 학생들이 자신들의 의견을 외면하는 경향이 있다고 여겼습니다. 그래서 이 문제를 다모임의 안건으로 다루게 되었습니다.

선후배 관계의 문제점과 해결방안

2017년 6월에는 '어떻게 하면 사이좋은 선후배 관계를 만들 수 있을까?'라는 주제로 협의를 했습니다. 이는 학생의 학교생활과 밀접한 협의 주제로 학생들이 직접 문제점과 해결방안을 찾아보도록 했습니다.

학생들은 문제점보다는 해결방안에 초점을 맞추어서 모둠별로 협의를 했습니다. 또한 협의한 결과를 모둠별로 한 명씩 앞에 나와서 발표했습니다. 학생들은 다툼이 일어났을 때, 사과하거나 감정을 정리한 뒤에 대화로 푸는 방법 등을 해결방안으로 말했습니다. 사과를 할 때는 상대방의 얼굴을 바라보아야 한다는 말도 덧붙였습니다. 학교폭력 예방교육에서 배운 대로 선생님께 상황을 말씀드리고, 너무 심할 때는 117에 신고한다는 의견도 나왔습니다.

가장 인상 깊은 의견은 작은 일이라도 배려하고, 서로의 장점을 찾아서 칭찬한다는 것이었습니다. 이는 갈등이 생길 수 있는 여지를 최소화하고, 문제 상황

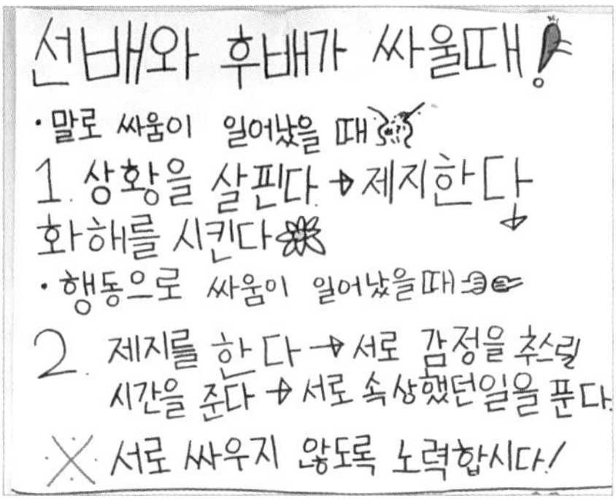

<선후배가 싸울 때 대처법 1>

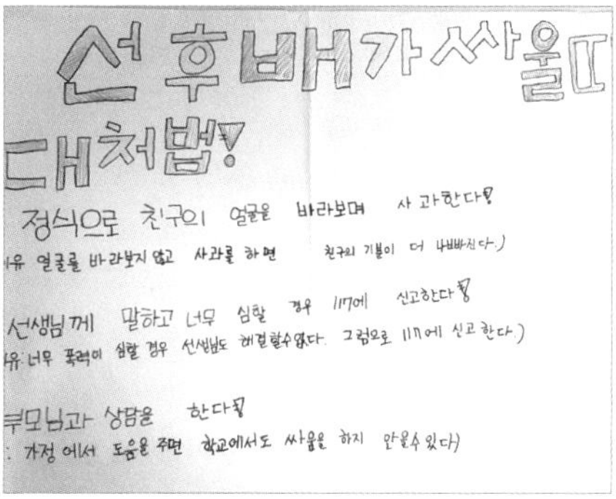

<선후배가 싸울 때 대처법 2>

을 예방할 수 있는 방법입니다. 선후배 관계의 문제점과 해결방안을 찾아보면서 학생들은 더 나은 관계 형성을 위한 방법을 고민하는 시간을 가졌습니다.

알아 두면 좋은 활동 Tip

우리 학교 다모임에서는 일 년에 1~2번씩은 학생들의 생활 태도에 대해 협의합니다. 선생님들께서 바람직한 행동에 대해 설명하는 것도 좋지만, 학생 스스로 생각하는 기회를 마련해 줄 필요가 있습니다. 학생들은 의외로 자신들의 생활 습관 중 잘못된 부분은 무엇인지, 그리고 어떻게 해결하면 좋을지 잘 알고 있습니다.

중요한 점은 한 번의 협의로 생활 태도가 완전히 개선되리라 기대하지 않는 것입니다. 학생의 생활지도는 일 년간 지속적으로 이루어져야 효과가 있습니다. 다모임에서 협의를 하는 이유는 학생들에게도 생각하고 판단할 시간이 있어야 하기 때문입니다. 학생들이 문제 상황을 적극적으로 대면하고, 대처하기를 바라기 때문이기도 합니다.

학생 생활 태도 문제를 협의로만 해결하기에는 무리가 있습니다. 학교에서 생활 태도 관련 문제를 다모임에서 다룰 때에는 담임 선생님의 생활 지도와 병행해서 이루어지면 좋습니다. 또한 문제를 장기적으로 바라보고, 꾸준히 지도해 나가야 합니다.

▣ 어울림터 사용의 문제점

어울림터는 우리 학교 학생들이 가장 좋아하는 장소입니다. 각종 행사 및 체육 수업, 다모임 활동이 이루어지는 곳이기 때문입니다. 대개는 강당이라고 부르는데, 우리 학교에서는 이 장소에 '어울림터'라는 특별한 이름을 붙였습니다.

중간놀이 시간이나 점심시간에 학생들은 어울림터에 모입니다. 자유롭게 놀이나 체육활동을 하기 위해서입니다. 어울림터에서 여러 명이 함께 활동하다 보니, 학생들간 크고 작은 다툼이 생겼습니다. 활동이 끝난 후에 물건을 정리하는 문제로 실랑이를 벌이기도 했고요. 학생들이 놀고 간 어울림터에는 제자리를 찾지 못한 물건이 남아 있었고, 전등은 켜진 채로 있기 일쑤였습니다.

시간이 흐르자 학생들은 어울림터를 사용하면서 불편함을 느끼기 시작했습니다. 그리고 몇몇이 불만을 토로하자, 다모임에서 어울림터 사용 문제를 논의하게 되었습니다.

어울림터 사용의 문제점과 해결방안

이 주제는 2018년 12월의 사전모임에서 다루었습니다. 모둠별로 어울림터 사용의 문제점과 해결방안에 대해 협의하도록 안내했습니다.

각각 다른 장소에서 협의가 이루어졌음에도 불구하고, 학생들은 대부분 비슷한 점을 문제로 꼽았습니다. 배드민턴 채와 공 등을 정리하지 않는 것, 놀고 있는데 끼어들거나 특정 사람이 어울림터의 공간을 많이 사용하는 것, 쓰레기를 함부로 버리는 것, 어울림터를 사용하고 나서 히터와 전등을 끄지 않는 것 등입니다.

이에 맞는 해결방안도 학생들이 협의를 통해 도출해 내었습니다. 이렇게 사전

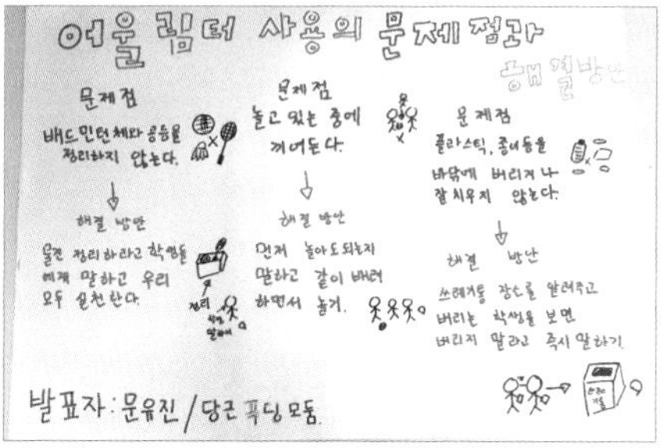

<어울림터 사용의 문제점과 해결방안 1>

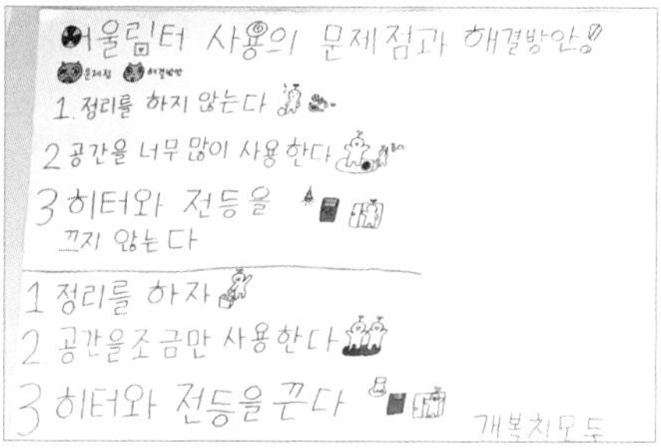

<어울림터 사용의 문제점과 해결방안 2>

모임에서 협의한 결과는 본모임에서 발표하고, 학생들이 문제 상황을 알고 이를 해결하기 위해 노력하는 계기로 삼았습니다.

알아 두면 좋은 활동 Tip

어울림터는 모두 함께 사용하는 장소입니다. 다툼이나 갈등이 발생할 소지가 있기 때문에 공동의 규칙을 세워두면 좋습니다. 공동의 공간 사용에 대해서 협의를 하다 보면 학생들이 느끼는 문제점에 공통된 내용이 있습니다. 이를 중심으로 정리하여 어울림터에 붙여 두면 학생들이 공동의 규칙을 인지하게 하는 데 효과가 있습니다.

간혹 어울림터 규칙을 특정 횟수 이상 어기면, 어울림터의 사용을 금지하는 제도를 도입하는 학교도 있습니다. 하지만 이런 타임아웃을 활용하기 전에 학생들이 정한 규칙을 자율적으로 지키도록 하는 것이 좋습니다. 쉬는 시간이나 점심시간에 학생들이 규칙을 어기는 횟수를 일일이 세기란 현실적으로 어려울뿐더러, 학생들이 자율적으로 활동할 수 있는 기회를 빼앗기 때문입니다.

먼저 학생들이 스스로 정한 규칙을 지킬 수 있는 충분한 시간을 주세요. 이후에 보다 강제적인 방법을 써도 늦지 않습니다.

▣ 한 학기를 마무리하며

잠시 쉼이 필요한 순간이 있습니다. 지나온 길을 돌아보면 앞으로 나아가야 할 방향이 보이기 때문입니다. 그래서 2019년 7월에는 한 학기를 지내오면서 잘 지켜지지 않는 부분과 개선점을 찾아보는 활동을 했습니다.

교실이나 학교 안에서 이루어지는 학생들의 일상생활과 규칙, 선후배 관계 등 전반적인 부분에 대해서 돌아보았습니다. 평소에 학생들이 어떤 생각을 가지고 있고, 어떤 부분에서 불편함을 느끼고 있는지 알 수 있었습니다.

학교생활을 하면서 잘 지켜지지 않는 점과 해결방안

이 주제에 대하여 사전모임에서 모둠별로 협의한 결과입니다. 먼저 문제점 중에서 규칙과 관련된 내용은 '복도에서 뛴다, 수업시간과 쉬는 시간을 잘 지키지 않는다, 계단을 2칸씩 내려간다' 등이 제시되었습니다. 교우관계나 선후배 관련 내용으로는 '선배를 함부로 대한다, 다른 사람을 놀린다, 친구와 싸운다' 등이 있었습니다. 교실 생활 관련 내용에는 '수업시간에 자세가 바르지 않다, 우유를 잘 마시지 않는다, 급식을 많이 남긴다, 청소를 대충한다' 등이 있었습니다.

해결방안으로는 '밥을 먹을 만큼만 받는다', '싸우지 않도록 서로 배려한다', '허리를 펴고 바른 자세로 앉기', '시계를 잘 보고 수업시간 5분 전에 교실로 가기', '우유를 3교시 안으로 먹는다' 등이 있었습니다.

모둠의 협의 결과는 2절지에 적어서 다모임에서 발표했습니다. 학생들은 각 모둠의 발표 결과를 듣고, 잘 지켜지지 않는 점을 어떻게 해결하면 좋을지 생각해 보는 시간을 가졌습니다. 담당교사는 학생들의 의견 중 공통적인 사항들을 정리하여 다모임이 끝날 무렵에 다시 한 번 안내했습니다.

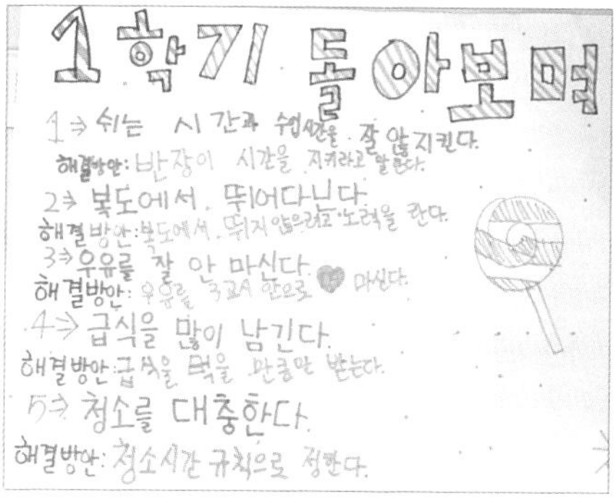

<1학기를 돌아보며>

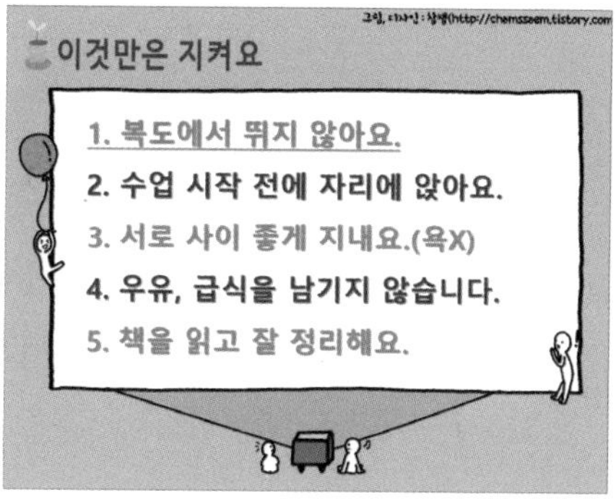

<학생들에게 안내한 규칙>

알아 두면 좋은 활동 Tip

학기 말은 학기 초에 세웠던 규칙을 지켜야겠다는 생각이 다소 무뎌지는 시기입니다. 학교는 여럿이 함께 생활하는 공간이기 때문에 규칙을 지키지 않으면 서로 불편해집니다. 이럴 때, 학교생활을 하면서 잘 지켜지지 않는 점에 대해 생각할 기회가 있으면 좋습니다. 행동의 규칙을 몰라서가 아니라 잠시 잊은 것뿐입니다. 협의를 통해서 다시 한 번 규칙을 떠올리고, 지켜 나가려는 마음을 다질 수 있습니다.

학생 협의 활동 2
: 학교 행사 관련 주제

▣ 우리가 만드는 체육대회

학교에서 매년 하는 대표적인 행사로 체육대회가 있습니다. 체육대회는 학생들이 무척이나 좋아하는 행사입니다. 우리 학교는 2018년부터 체육대회를 운영하는 데 학생들의 의견을 반영했습니다. 체육대회를 하기 한 달여 전쯤에 다모임의 주제로 체육대회를 선정합니다.

이는 체육을 담당하는 선생님께서 제안한 안건이었습니다. 보통은 교직원 회의를 통해서 체육대회의 방향과 세부사항을 정하는 것이 일반적입니다. 하지만 학생들이 관심을 가지고 있는 행사이다 보니, 다모임에서 협의를 하는 동안 많은 의견이 제시되었습니다.

2018~2019년 체육대회 협의 방법

체육대회를 주제로 협의를 할 때는 소주제를 타이틀, 하고 싶은 활동, 먹거리, 받고 싶은 상품의 4가지로 정하였습니다. 협의 방법은 이 책 4장 '토의에도 왕도는 있다'에서 소개한 '월드 카페'라는 토론 방법을 사용하였습니다.

어떤 행사든지 행사의 특성을 반영한 이름이 붙기 마련입니다. 학생들에게 어떤 타이틀로 체육대회를 하면 좋을지 의견을 묻습니다. 학생들은 '즐거운 체육대회', '부모님과 함께 하는 황강 한마당', '즐겁고 신나는 황강 한마당' 등을 타이틀로 제안했습니다.

체육대회의 핵심은 어떤 활동을 할지 결정하는 것입니다. 부스체험이나 특별활동을 할 경우, 어떤 활동을 하고 싶은지 학생들에게 생각해 보도록 했습니다. 학생들은 야광 팔찌 만들기, 이어달리기, 물총 놀이 등을 원했습니다.

우리 학교는 체육대회를 할 때, 학생들에게 간식 먹을 시간을 줍니다. 학교에서는 학부모님의 도움을 받아 솜사탕이나 초콜릿 퐁듀와 같은 간식을 준비합니다. 학생들은 먹거리 중 과일 퐁듀, 떡볶이, 슬러시 등을 선호했습니다. 체육대회가 끝나면 대개 상품을 주는데, 어떤 상품을 받고 싶은지에 대해서도 협의를 했습니다. 상품으로는 물총, 비눗방울, 미니어처 등이 나왔습니다.

학생들이 제안한 의견은 모두 모아서 그해에 체육대회를 운영하는 데 참고합니다. 체육대회도 교육 활동이기 때문에 교육적으로 알맞지 않은 것이나 위험한 활동 등은 배제합니다. 학생들의 의견 중 현실적인 여건을 고려할 때 가능한 것을 반영하고, 교육적으로 꼭 필요하다고 생각하는 활동을 넣기도 합니다.

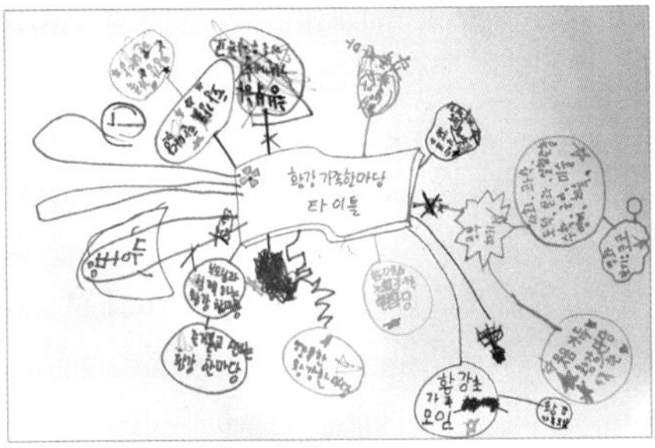

<체육대회 타이틀>

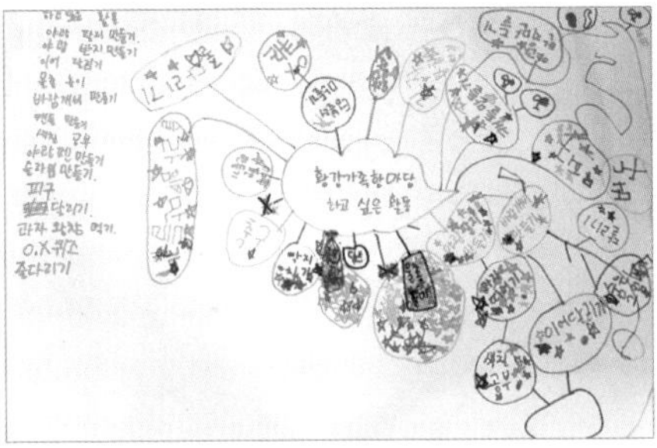

<하고 싶은 활동>

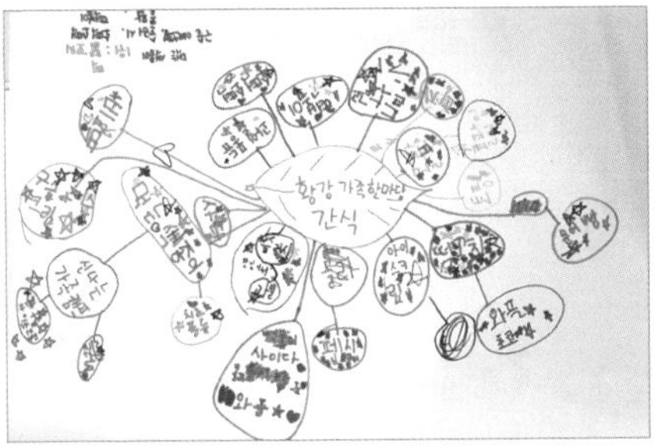

<체육대회 먹거리>

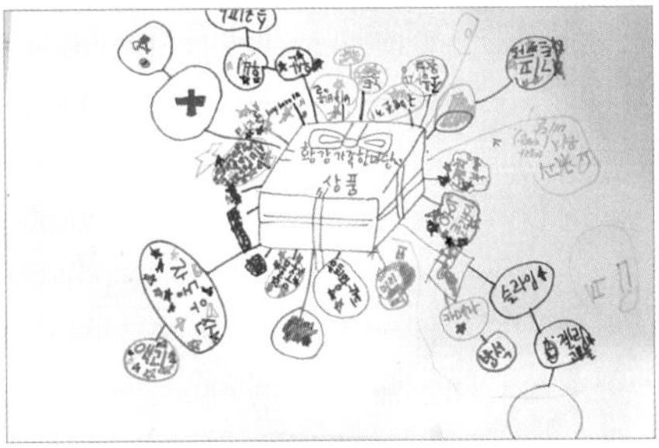

<체육대회 상품>

알아 두면 좋은 활동 Tip

최근에는 업체를 통해서 체육대회를 진행하는 경우가 있습니다. 체육대회를 준비하는 데 드는 시간과 노력을 아낄 수 있기 때문입니다. 아무리 업체에 행사 진행을 위탁하더라도 전체적인 구상은 학교에서 하기 마련입니다.

협의 내용을 업체에 전달하면 학생들과 교직원이 원하는 체육대회의 모습을 담아낼 수 있습니다. 업체에서 준비한 재미있는 게임에 학생들이 꿈꾸는 활동을 넣으면, 학생들에게 보다 의미 있는 체육대회를 만들 수 있습니다. 체육대회에서 간식이나 상품을 줄 때도 학생들의 의견을 물어서 가능하다면 원하는 것으로 주는 방법도 고려해 볼 수 있습니다.

▣ 선생님께 감사한 점 찾기

요즈음에는 스승의 날을 잘 기념하지 않습니다. 사회의 통념상 스승의 날에 대해 부정적인 시선이 있기 때문입니다. 하지만 스승의 날도 교육적으로 활용하면 학생과 선생님 사이의 유대관계를 형성할 좋은 기회가 됩니다. 선생님은 학생을 사랑하는 마음이, 학생은 선생님을 존경하는 마음이 있어야 교육이 원활하게 이루어질 수 있습니다.

그래서 우리 학교에서는 다모임 시간에 스승의 날에 대해 생각해 볼 시간을 갖습니다. 2019년 5월에는 학생들의 의견을 반영하여, 사전모임에서 '선생님께 감사한 점 찾기' 활동을 했습니다.

학생들이 뽑은 선생님께 감사한 점

감사한 점 찾기는 우리 학교에 계신 모든 선생님들을 대상으로 이루어집니다. 교장, 교감 선생님뿐 아니라 유치원 선생님, 행정실 선생님, 학교의 청소를 담당해 주시는 분까지 포함됩니다. 모두 합하면 우리 학교에는 총 16분의 선생님이 계십니다.

각 모둠장은 모여서 감사한 점을 찾을 선생님을 모둠별로 4분씩 선정합니다. 사전모임 시간에 학생들은 모둠끼리 모여서 각 선생님별로 감사한 점을 떠올려 봅니다. 협의가 끝나면 결과를 다모임에서 발표하고, 학생주도 스승의 날 기념 행사의 파워포인트(PPT) 자료를 만들 때 활용합니다.

학생들이 협의한 내용 중 인상적인 것은 교장 선생님께 감사한 점이었습니다. 선형종 교장 선생님께서는 아침에 학교 버스 시간에 맞춰서 나와 계십니다. 그리고 학생들이 버스에서 내릴 때, 한 명 한 명에게 인사를 건네십니다. 학생들에

<선생님께 감사한 점 찾기>

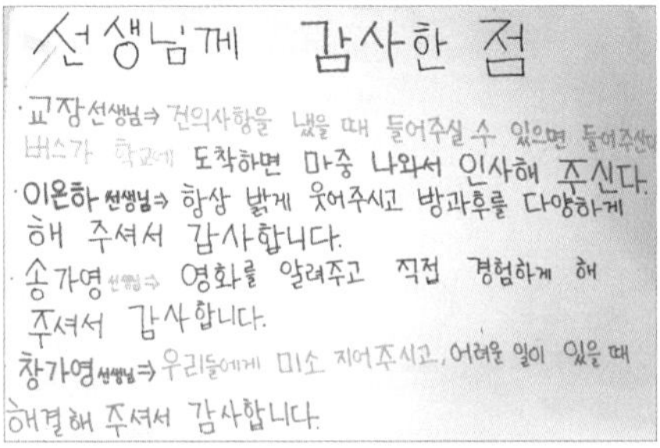

<선생님께 감사한 점 찾기 2>

게도 이런 점이 기억에 남았나 봅니다. 파이리 모둠에서는 교장 선생님께 감사한 점으로 '버스가 학교에 도착하면 마중 나와서 인사해 주신다'를 꼽았습니다.

교감 선생님께 감사한 점으로는 '기분이 좋지 않을 때 먼저 기분을 물어봐 주신다'와 '항상 밝게 웃어주신다'가 나왔습니다. 행정실에서 근무하는 선생님께는 '고장난 물건을 고쳐 주신다', '의자 높이를 바꾸어 주신다' 등이 감사한 점이었습니다.

학생들이 뽑은 감사한 점은 일상의 소소한 일들이었습니다. 선생님들의 작은 배려와 친절에 감사함을 느낀 것입니다. 학생들의 발표는 선생님들께 잔잔한 감동을 주었습니다.

▣ 우리가 원하는 독서행사

9월은 독서의 달입니다. 도서계에서는 올해 독서행사를 어떻게 추진할지 고민하는 시기이기도 합니다. 매년 1~2가지의 독서행사를 하긴 하지만, 학생들의 의견이 반영되는 경우는 드뭅니다. 2018년 9월에는 올해 독서행사에 대한 학생들의 생각을 듣고 싶다는 담당 선생님의 요청에 의해서 다모임을 하게 되었습니다.

학생들이 원하는 독서행사

사전모임에서는 모둠별로 학생들이 하고 싶은 독서행사를 의논했습니다. 피카츄 모둠에서는 책 소개하기, 크리스탈 모둠에서는 OX 퀴즈와 책을 읽고 느낀 점 말하기, 개복치 모둠에서는 학부모님께서 책을 읽어주는 활동, 당근 푸딩 모둠에서는 책 추천하기와 책 읽고 독후감 쓰기, 책 읽어주는 선생님 활동을 제시했습니다. 사전모임의 결과는 다모임에서 앞에 나와 발표했습니다. 담당 선생님께서는 독서행사를 준비할 때 학생들의 의견을 참고했습니다.

또한 본모임에서는 '내가 읽고 싶은 책'에 대해 모둠별로 이야기를 나누었습니다

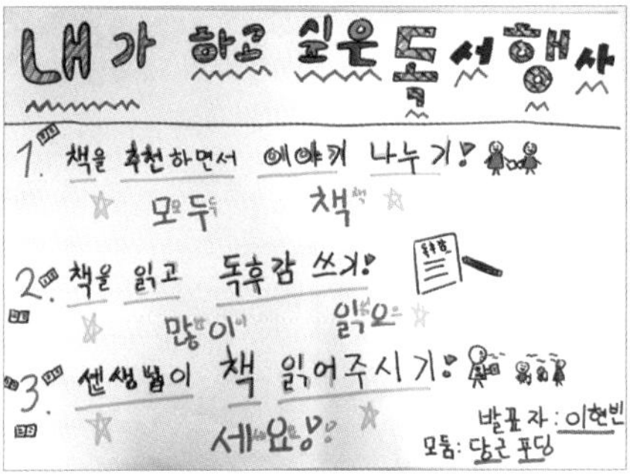

<하고 싶은 독서행사>

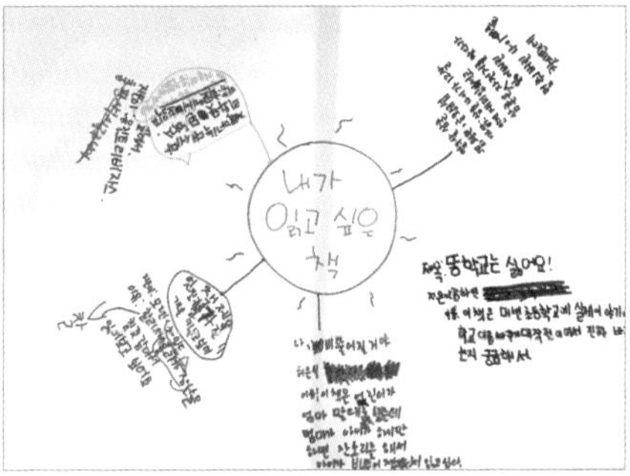

<내가 읽고 싶은 책>

다. 학생들은 사전에 읽고 싶은 책을 조사해 왔습니다. 이 활동의 목적은 2학기의 학교 도서를 구입할 때 학생들의 의견을 반영하기 위함입니다. 학생들은 '어린이가 지구를 살리는 50가지 방법', '나의 라임 오렌지 나무', '우리 이모는 4학년' 등을 읽고 싶어 했고, 이는 대부분 2학기 도서 구입 목록에 포함되었습니다.

알아 두면 좋은 활동 Tip

학생은 학교의 구성원입니다. 학교 행사를 할 때 학생들의 의견을 반영하면, 교육 수요자의 요구에 맞는 활동을 할 수 있습니다. 다만, 모든 의견을 다 수용할 수 없음을 학생들에게 안내해야 합니다.

학생들이 낸 의견을 반영하려면 예산, 장소, 시간 등 여러 가지 여건을 고려하게 됩니다. 교육적인 필요성도 생각해야 하고요. 제시한 의견을 다 들어줄 수 없지만, 가능한 의견에 대해서는 반영하려고 노력을 한다는 점을 강조해야 합니다. 의견을 수용할 수 없는 까닭도 함께 제시하면 좋습니다.

▣ 내가 꿈꾸는 방과후 학교

방과후 학교는 정규 수업시간이 끝난 이후에 학교에서 이루어지는 교육 활동입니다. 학교에서는 외국어, 체육, 미술, 컴퓨터 등 사교육비를 절감하고 학생들의 특기를 신장시킬 수 있는 프로그램을 운영합니다.

방과후 학교는 11~12월경에 프로그램 평가를 실시합니다. 각 프로그램에 대한 학생과 학부모의 의견을 조사하는 것이지요. 설문조사는 다음 해 방과후 학교를 운영하는 근거가 됩니다. 하지만 설문조사의 일정 형식을 지키다 보니, 학생들의 진솔하고 소소한 이야기는 듣기 어려운 실정입니다.

우리 학교에서는 방과후 담당교사의 요청에 의해서 2017년부터 방과후 학교에 대해 학생들의 의견을 들어왔습니다. 학생들은 당해 방과후 프로그램의 좋은 점과 아쉬웠던 점, 내년에 하고 싶은 방과후 활동 등에 대해 이야기를 나눕니다.

학생들이 꿈꾸는 방과후 학교

우리 학교는 2017년 11월, 2018년 10월, 2019년 11월에 방과후 학교를 주제로 다모임을 운영하였습니다. 그중 2019년의 내용을 소개하겠습니다.

2019년에는 방과후 학교를 사전모임의 주제로 다루었습니다. 2019년에 방과후 학교를 하면서 좋았던 점과 2020년에 하고 싶은 프로그램을 이야기했습니다. 의견을 제시할 때는 까닭과 함께 말하도록 했습니다. 이렇게 하면 스스로의 생각을 정리하는 데 도움이 되고, 말에 설득력이 생깁니다. 또한 학생들이 원하는 방과후 학교를 운영해야 할 필요성을 담당자도 알게 됩니다.

협의한 내용은 다모임에서 공유하고, 학생들이 제시한 사항을 반영하여 다음 해에 방과후 학교 계획을 수립합니다.

<방과후 학교에 대한 생각>

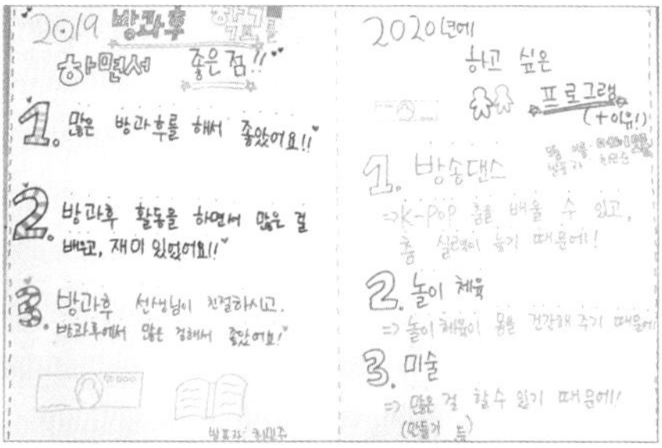

<학생들이 꿈꾼 방과후 학교>

알아 두면 좋은 활동 Tip

방과후 학교에 대한 학생들의 의견을 듣다 보면 흥미 위주의 과목을 좋아한다는 사실을 알 수 있습니다. 우리 학교 학생들이 가장 좋아하는 방과후 학교의 과목은 놀이체육과 미술, 방송 댄스입니다. 과목 자체에 대한 흥미도가 높고, 적극적인 자세로 참여합니다. 따라서 방과후 학교 사후 평가를 하면 해당 과목의 만족도가 높게 나옵니다.

하지만 이런 과목만을 위주로 방과후 학교를 편성하면, 학생들은 편식하는 것이나 마찬가지입니다. 학생들이 재미있어 하는 과목 외에도 살아가는 데 꼭 필요한 지식이나 기능을 습득할 기회도 주어져야 하기 때문입니다. 그래서 다모임에서 학생들에게 방과후 학교에 대한 생각을 표현하게 하되, 그대로 수용할 수는 없음을 공지합니다. 방과후 학교를 운영하는 데는 학부모의 의견과 학교 여건도 고려해야 하기 때문입니다.

그렇다고 해서 방과후 학교에 대한 의견을 교환하는 활동이 의미 없지는 않습니다. 학생들은 자신의 생각을 표출하고, 이를 통해 다른 사람들의 의견은 무엇인지 알 수 있으며, 담당교사는 방과후 학교를 운영하는 데 학생들의 의견을 반영하려고 노력하니까요.

▣ 우리 학교 행사 TOP3

한 해 동안 학교에서는 다양한 교육 활동을 합니다. 수업, 행사, 자치활동, 동아리 활동 등 여러 활동을 하면서 학생들은 성장하게 됩니다.

12월에는 우리 학교에서 있었던 일들을 돌아보는 활동을 할 수 있습니다. 특히 이때는 교육과정에 대한 설문조사와 협의회를 하는 시기입니다. 다모임에서도 협의 주제로 다루면 학생들의 생생한 의견을 내년도 교육과정을 편성하는 데 반영할 수 있습니다.

학생이 돌아보는 한 해 교육과정

우리 학교는 2017년 11월 다모임에서 한 해 동안 가장 기억에 남는 행사와 내년에도 하고 싶은 행사를 이야기하도록 했습니다. 담당 선생님은 앞에 나와서 그간의 활동들을 간략하게 설명하고, 학생들이 낸 의견을 귀담아들었습니다.

2018년 11월 사전모임으로 우리 학교 행사 TOP3를 정해보았습니다. 모둠원들이 기억에 남는 행사를 각각 이야기하고, 그중 3개를 선정하는 것입니다. 학생들은 행사의 명칭과 선정한 이유를 다모임에서 발표했습니다.

주로 나온 행사는 서울 탐방, 황강 가족 한마당(체육대회), 수상 수련 활동이었습니다. 우리 학교 행사 TOP3를 하면 학생들의 만족도를 직접적으로 알 수 있습니다. 또 2018년 11월 다모임에서 내년에 하고 싶은 행사의 이름, 내용, 하고 싶은 까닭을 모둠끼리 이야기 나누었습니다.

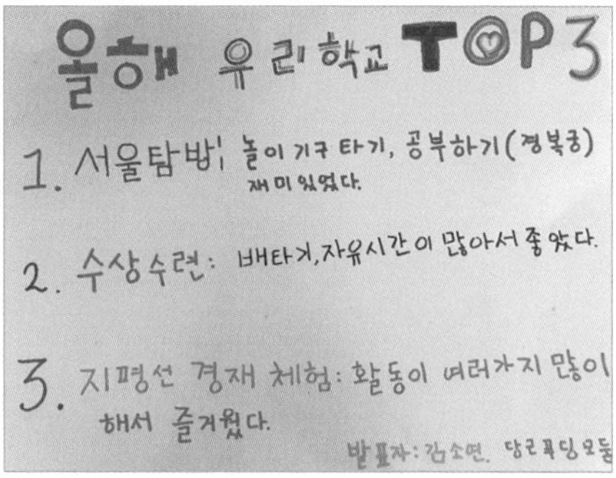

알아 두면 좋은 활동 Tip

우리 학교 행사 TOP3를 뽑다 보면 통계의 오류에 직면하게 됩니다. 보통 모둠에서 다수결로 정하는데, 학생들에게 가장 인상 깊었던 행사가 주로 TOP3가 됩니다.

예를 들어 기차를 타고 서울에 갔거나, 1박 2일을 하는 등 일상에서 하기 힘든 특별한 행사를 선정합니다. 학교에서 내실 있게 이루어진 활동이나 마을 어르신을 찾아간 일들은 TOP3가 되기 어렵습니다. 이런 활동이 의미 있다고 생각할지라도 모둠 내 다수결에서 밀리는 경우가 많습니다. 우리 학교 행사 TOP3 뽑기는 학생들의 선호도를 직관적으로 볼 수는 있지만, 흥미 위주의 행사가 선정될 확률이 높습니다.

이를 대신할 방법은 모둠별로 종이를 주고, 기억에 남는 행사를 모두 기록해 보도록 하는 것입니다. 숫자를 늘려 TOP5나 TOP7 뽑기로 진행하는 것도 보다 다양한 형태의 행사를 담아낼 수 있는 여지를 줍니다.

계기 활동
: 기념일 관련 협의

▣ 감사의 달, 어떻게 기념할까?

5월은 감사의 달입니다. 어버이날과 스승의 날이 있기 때문입니다. 그래서 우리 학교에서는 2018년 5월 다모임의 협의 주제로 감사의 달을 다루었습니다. 부모님이나 선생님께 평상시 감사한 마음을 가지고 있지만, 어떻게 마음을 표현해야 할지 모르는 경우가 있습니다. 모둠 활동을 하면서 여러 사람의 생각을 듣고, 1가지 정도는 실제로 실천해 보도록 독려했습니다.

어버이날과 스승의 날 협의 방법

모둠 활동의 방법은 '월드 카페 토론'입니다. 모둠이 4개이므로 각각 2모둠씩 스승의 날과 어버이날을 주제로 선정합니다. 각 모둠에는 카페 주인(진행자)이 있고, 각 모둠의 주제에 대해서 이야기를 나눕니다. 이야기가 끝나면 카페 주인을

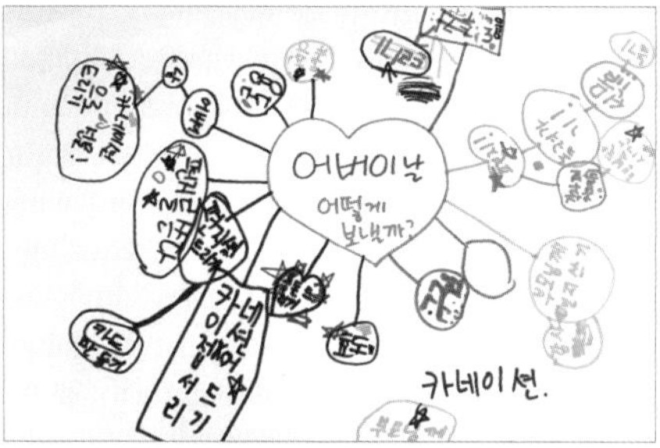

<어버이날 어떻게 보낼까?>

<스승의 날 어떻게 보낼까?>

제외한 모둠원들은 옆 테이블로 가서 다른 주제에 대해 협의합니다. 협의가 끝나면 카페 주인은 앞에 나와서 그 테이블에서 이야기한 내용을 발표합니다.

어버이날에 학생들은 부모님께 편지쓰기, 카네이션 접어서 드리기, 집안일 돕기, 선물 드리기 등의 방법으로 기념하고자 했습니다. 스승의 날에는 편지쓰기, 카네이션 드리기, 감사장 드리기, '가르쳐 주셔서 감사합니다'라고 말씀드리기, 모두 모여서 축하파티 하기, 선생님 말씀 잘 듣기 등을 제안했습니다.

어버이날에 대한 학생들의 의견은 적어도 1개는 가정에서 실천해 보도록 했습니다. 스승의 날에 대한 의견은 5월에 다모임에서 학생주도 행사를 할 때 반영하였습니다.

알아 두면 좋은 활동 Tip

감사하는 마음은 강요한다고 되지 않습니다. 하지만 일상생활을 하다 보면 부모님이나 선생님께 감사한 마음을 잊는 경우가 있습니다. 어버이날이나 스승의 날과 같은 기념일에 감사한 점을 찾고, 그 마음을 표현해 보도록 하면 좋습니다.

활동할 시간이 부족하다면 각 학년 국어나 도덕 등 교과 시간과 연계할 수도 있습니다. 이런 활동을 하다 보면 감사함을 느끼고, 표현할 줄 아는 학생들로 자라나게 됩니다.

▣ 호국보훈의 달을 맞이하여

6월은 호국보훈의 달입니다. 나라를 지키기 위해 목숨을 바치신 분들을 기리기 위함입니다. 6월에는 현충일과 6.25 전쟁일이 있고, 많은 학교에서 통일 교육이 이루어집니다. 우리 학교에서는 2018년 6월, 호국보훈의 달을 주제로 하여 다모임을 운영하였습니다. 사전모임에서는 모둠별로 태극기를 만들어 보았고, 본모임에서는 통일과 관련된 주제로 협의를 했습니다.

모둠 태극기 만들기

태극기를 만들려면 우선 태극기의 모양을 잘 파악해야 합니다. 이는 태극문양과 4괘의 위치, 크기 등을 유심히 관찰하는 데서 시작합니다. 학생들은 종이 위에 대략적인 태극기의 모양을 그린 후에 어떤 방법으로 꾸밀지 정했습니다.

무지개 모둠은 가운데 태극을 곡선과 직선의 기하학적인 무늬로 꾸몄습니다. 당근 모둠은 4괘와 태극 무늬를 사인펜으로 본뜬 후, 그 안을 손가락에 물감을 묻혀서 찍었습니다. 별자리 모둠은 색종이를 찢어 붙여서 태극기를 완성하였습니다. 무지개보석 모둠은 태극의 빨간색 부분은 태양이 떠오르는 모습으로, 파란색 부분은 바다로, 4괘는 용의 비늘로 표현했습니다.

대부분 태극기의 모양에 대해서는 알고 있지만, 실제로 다양한 방법으로 꾸며본 적은 처음이었습니다. 이 활동을 통해서 태극기에 의미에 대해서 생각하고, 우리나라 국기의 소중함을 느껴보는 시간이 되었습니다.

호국보훈의 달 협의 방법

본모임에서는 월드 카페 토론의 방법으로 협의를 했습니다. 각각의 소주제는 우리나라를 대표하는 것, 우리나라를 위해 내가 할 수 있는 것, 북한 친구들과 하고 싶은 것, 통일이 되면 하고 싶은 것으로 총 4개였습니다. 각 테이블에서 협의를 진행하고, 결과는 협의 진행자가 앞에 나와서 발표했습니다.

먼저 우리나라를 대표하는 것으로는 무궁화, 태극기, 한반도, 독도, 한글 등이 나왔습니다. 소나무, 한라산, 전통놀이, 백두산, 문재인 대통령, 김치, 군대, 삼팔선 등도 제시되었습니다.

우리나라를 위해 내가 할 수 있는 것은 역사와 문화를 공부하기, 우리나라를 사랑하기, 무궁화 많이 심기, 독서, 문화재 발굴, 줄임말 쓰지 않기, 봉사하기, 대

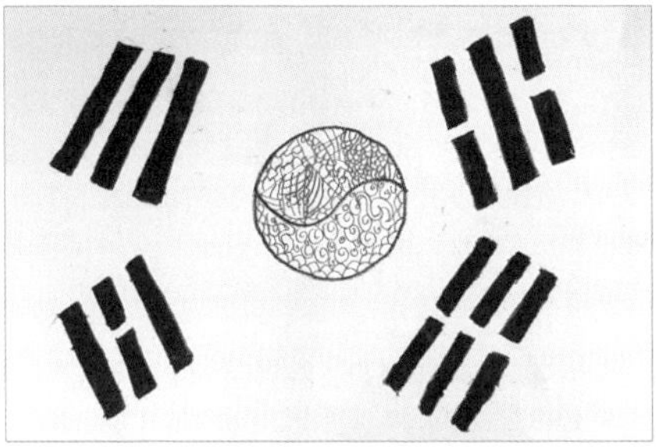

<모둠 태극기 1>

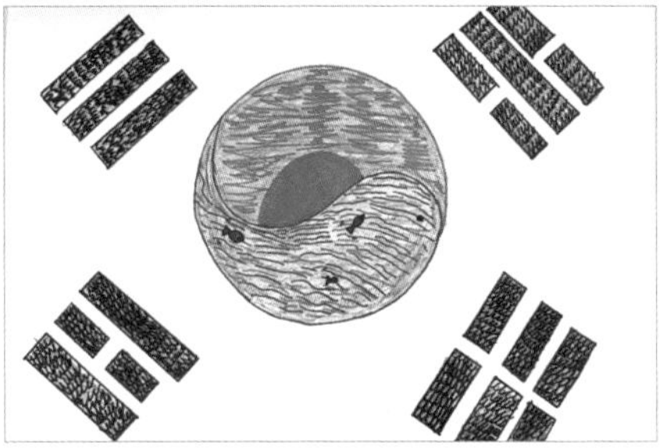

<모둠 태극기 2>

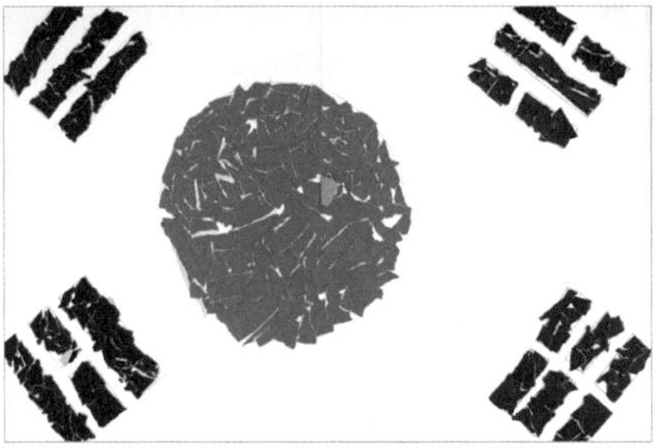

<모둠 태극기 3>

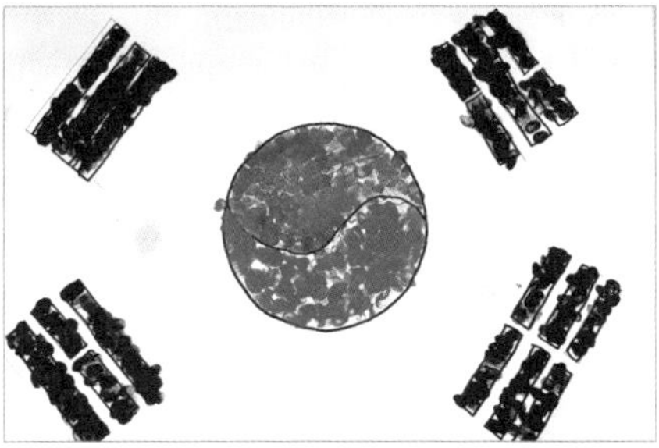

<모둠 태극기 4>

<우리나라를 대표하는 것>

<우리나라를 위해 내가 할 수 있는 것>

<북한 친구들과 하고 싶은 것>

<통일이 되면 하고 싶은 것>

한민국을 널리 알리기, 절약하기 등이었습니다.

북한 친구들과 하고 싶은 것은 맛있는 것 먹기, 숨바꼭질, 놀이 공원 가기, 요리하기, 다른 나라 여행하기, 남한의 문화유산이나 지역 알려주기가 있었습니다. 통일이 되면 하고 싶은 것으로는 한라산 오르기, 평양 가기, 북한 음식 먹기, 북한 친구와 놀기 등이 나왔습니다.

학생들은 짧은 시간 동안 4개의 주제에 대해서 이야기를 하면서 통일의 의미와 나라 사랑의 마음을 다졌습니다.

알아 두면 좋은 활동 Tip

사진을 보면 호국보훈의 날과 관련된 각 소주제의 발표 자료는 정돈되지 않았습니다. 우리 학교에서는 다모임에서 모둠 협의를 하기 전에 1분 동안 주제에 대해 떠오른 생각을 종이에 자유롭게 적도록 합니다. 1분이 지나면 돌아가면서 주제에 대한 자신의 생각을 이야기합니다. 내 생각과 비슷하거나 동의하는 경우에는 별표를 하도록 합니다.

저학년이나 특수아동도 협의 활동에 함께 참여하다 보니, 때로는 주제와 맞지 않는 내용이 적혀 있기도 합니다. 하지만 그런 모습도 있는 그대로 인정해 줄 필요가 있습니다. 협의의 횟수가 거듭될수록 학생들은 점점 서로의 차이를 인정하고, 점차 주제에 맞는 방향으로 나아가게 됩니다.

▣ 즐겁고 건강하게 추석을 보내는 방법

한가위는 민족 최대의 명절 중 하나입니다. 학생들은 저학년 때부터 추석의 의미와 하는 일, 추석에 대한 안전교육 등을 받아왔습니다. 하지만 어떻게 하면 추석을 즐겁고 건강하게 보낼 수 있을지에 대해 스스로 고민해 본 경험은 많지 않습니다.

2017년 9월 다모임에서는 '즐겁고 건강하게 추석을 보내는 방법'을 주제로 활동을 했습니다.

추석맞이 활동들

절은 웃어른께 예를 다하는 우리나라 전통 인사법입니다. 성별에 따라서 절을 하는 방법도 다릅니다. 일 년에 절을 하는 기회가 몇 번 없기 때문에, 늘 절을 할 때가 되면 방법이 헛갈리곤 합니다. 다모임 시간에 성별에 따른 절하는 방법을 배우고, 실제로 해보는 시간을 가졌습니다. 다모임장과 부다모임장은 미리 절하는 방법을 익힌 뒤에, 다모임 시간에 학생들에게 알려주었습니다.

이후에는 '즐겁고 건강하게 추석을 보내는 방법'에 대해 이야기를 나누었습니다. 각 모둠에서는 다양한 이야기가 나왔습니다. 모둠의 결과는 4절지 크기의 보드판에 적어서 공유했습니다.

느티나무 모둠의 의견은 집안일 도와드리기, 전 부치는 것 도와드리기, 안마해 드리기, 음식 골고루 먹기, 송편 만들기, 아빠와 밤 줍기 등이었습니다. 햄스터 모둠에서는 아기 돌보기, 친척과 재미있게 놀기, 싸우지 않기, 부모님 말씀 잘 듣기, 비상약 준비하기 등이 나왔습니다.

은하수 모둠은 음식 맛있게 먹기, 음식 만들기, 매일 운동하기, 채소 먹기, 안

<절하는 방법>

<추석 협의 결과 발표>

마해 드리기, 긍정적으로 생활하기를 제시했습니다. 시앨드 모둠의 의견은 추석 음식 조금만 먹기(배탈 예방), 추석 음식을 이웃과 나누어 먹기, 부모님 도와드리기, 성묘 가기 등이었습니다.

모둠 협의 활동을 통해서 추석에 하는 일과 의미 있게 추석을 보내는 방법에 대해서 되새겨 볼 수 있었습니다.

알아 두면 좋은 활동 Tip

학교에서는 교과와 연계하거나 아침 활동 시간 등을 활용하여 계기 교육을 합니다. 이렇게 계기 교육을 하는 이유는 각종 기념일에 대한 이해를 높이기 위해서입니다. 다모임에서 계기 교육을 다루기 이전에 전체 계기 교육 활동을 어떻게 할지 계획할 필요가 있습니다. 다모임에서 계기 교육을 하면, 학급이나 학교 단위의 계기 교육을 별도로 하지 않아도 되기 때문입니다. 계기 교육을 담당하시는 분이나 전체 선생님들과 상의하여 어떤 계기 교육을 다모임에서 할지, 어떤 방향으로 운영할지 등의 세부적인 내용을 정해야 합니다.

▣ 한글날 기념 활동

한글은 우리나라 고유의 언어이면서, 그 과학성이 세계적으로 입증되었습니다. 우리는 일상에서 한글을 사용하지만, 한글의 소중함을 느끼지 못하는 경우가 많습니다. 줄임말이나 신조어, 외래어 등을 사용하기 때문입니다.

2019년 10월 다모임에서는 한글을 주제로 활동하였습니다. 10월 9일은 한글날이므로 한글날을 기념하기 위한 목적도 있었습니다.

아름다운 우리말 꾸미기

사전모임에서는 우리말 중에서 아름답다고 생각하는 단어를 선정하여 꾸미는 타이포그래피 활동을 했습니다. 학생들이 선택한 낱말은 평화, 통일, 무궁화, 훈민정음입니다. 학생들은 우리나라를 나타내거나 의미 있다고 생각하는 낱말을 선택했습니다.

글자의 외곽선을 두껍게 그리고 안을 여러 가지 선이나 점, 모양으로 꾸몄습니다. 모둠별 활동 결과는 한 사람씩 앞에 나와서 본모임에서 소개하였습니다.

<타이포그래피 1>

<타이포그래피 2>

<타이포그래피 3>

<타이포그래피 4>

맞춤법 퀴즈

본모임에서는 알맞은 맞춤법을 골라보는 활동을 했습니다. 무탈교실에서 제공하는 맞춤법 퀴즈 PPT 자료를 사용했는데 '웬지와 왠지', '어떻해와 어떡해' 등 헛갈리는 두 단어 중에서 알맞은 것을 선택하는 내용이었습니다.

모둠별로 직사각형 모양의 큰 보드판과 보드마카, 지우개를 나누어 주었습니다. 학생들은 각각의 문제의 답을 모둠끼리 상의해서 적었습니다. 이 활동은 올바른 맞춤법을 알아가는 데 의미가 있습니다. 그래서 맞춘 개수보다는 모둠끼리 의견을 얼마만큼 원활하게 주고받으면서 활동하는지에 초점을 두었습니다.

<무탈교실의 한글 사랑 맞춤법 퀴즈>

<맞춤법 퀴즈 활동 모습>

1~2명이 정답을 적어 나가기보다 모둠 내에서 의견을 교환하고, 정답을 찾아 나가기를 바랐기 때문입니다.

퀴즈가 끝난 후에는 접어서 만들 수 있는 세종대왕 피규어 재료를 나누어 주었습니다. 학생들은 재료를 집에 가지고 가서 세종대왕에 대한 설명도 읽어보고, 직접 세종대왕을 만들어 보았습니다.

알아 두면 좋은 활동 Tip

국어 교과서를 보면 바른 우리말 사용법이나 맞춤법 등과 관련된 단원이 포함되어 있습니다. 다모임의 시간이 부족한 경우에는 각 학년 국어 교과와 연계하여 한글날 기념 프로젝트를 진행할 수 있습니다.

우리 주변의 간판이나 옷에 쓰인 외래어 찾기, 우리가 자주 쓰는 비속어나 줄임말 알아보기, 올바른 맞춤법이 무엇인지 선택하기, 외래어를 순우리말로 바꾸기, 북한말과 우리말의 공통점과 차이점 알아보기, 순우리말의 뜻 맞히기 등의 활동을 할 수 있습니다. 또한 학생들이 우리말을 쓰기 캠페인 등을 하면 보다 의미 있게 한글날을 보낼 수 있습니다.

친교 활동
: 학생들의 마음을 여는 활동

▣ 공동체 놀이

공동체 놀이는 여럿이 함께하는 놀이 활동을 말합니다. 구성원들의 마음을 열고 서로 친해질 수 있는 계기를 마련하기 위해 주로 합니다. 학교에서는 주로 신학기에 학생들이 어색함을 없애고, 즐겁게 놀이에 참여하면서 서로에 대해 긍정적인 인식을 하도록 이 공동체 놀이를 활용합니다.

우리 학교는 2018년과 2019년 3월 다모임에서 공동체 놀이를 했습니다. 3월에는 대개 그해의 첫 다모임 활동을 시작합니다. 다모임장, 부다모임장 등 다모임 임원도 바뀌고, 새로운 모둠이 조직됩니다. 작은 학교라서 서로의 이름과 얼굴은 잘 알고 있다고 하더라도, 그다지 친하지 않은 사람과 같은 모둠이 되었을 수도 있습니다. 그래서 공동체 놀이가 필요합니다.

공동체 놀이는 전교생이 함께 참여하는 놀이입니다. 어색함을 깨뜨리고, 새로 시작하는 다모임 활동에 활력을 불어넣어 줍니다.

풍선 튕기기와 스티커 가위바위보

우리 학교 다모임에서는 2가지 공동체 놀이를 했습니다. 그중 한 가지는 풍선 튕기기 게임입니다. 모둠원들이 모두 둥글게 서서 손을 잡은 상태에서 풍선을 튕겨야 합니다. 단, 절대 손을 놓으면 안 됩니다. 활동을 위해, 먼저 모둠별로 매직을 이용하여 풍선을 꾸미도록 합니다. 모둠별로 손을 잡고 연습할 시간을 준 후, 한 모둠씩 풍선을 튕긴 수를 합산합니다. 합산한 수가 얼마 이상이 될 때, 미션을 성공한 것으로 할지 미리 정합니다.

우리 학교는 4개 모둠에서 풍선을 튕긴 수의 합이 100 이상일 때 성공한 것으로 했습니다. 학생들은 모둠끼리 합심해서 풍선 튕기기 활동을 했고, 다른 모둠이 할 때는 한마음으로 응원했습니다. 그 결과 풍선 튕기기 미션은 성공하게 되었습니다.

또 다른 공동체 놀이인 스티커 가위바위보 게임은 가위바위보를 해서 이긴 사람의 얼굴에 스티커를 붙이는 활동입니다. 각자 6~8개 정도의 동그란 스티커를 미리 나누어 줍니다. 제한된 시간 동안 선생님과 학생들은 자유롭게 돌아다니면서 만나는 사람과 가위바위보를 합니다. 가위바위보에서 진 사람은 자신의 스티커를 하나 떼어서 이긴 사람의 얼굴에 붙여 줍니다. 일정 시간이 흐른 뒤에 얼굴에 스티커가 가장 많이 붙은 사람이 승자가 됩니다.

<풍선 튕기기>

<스티커 가위바위 보>

스티커 가위바위보를 할 때 가장 고민했던 점은 이긴 사람 얼굴에 스티커를 붙일까, 진 사람 얼굴에 스티커를 붙일까 하는 문제였습니다. 결국, 스티커는 이긴 사람 얼굴에 붙이는 것으로 결정했습니다. 가위바위보에서 진 벌칙으로 스티커를 붙이면 불쾌한 감정이 드는 학생이 생길지도 모른다는 생각에서였습니다. 선생님까지 함께 참여한 스티커 가위바위보 게임은 모두 한바탕 즐겁게 웃는 시간을 선사해 주었습니다.

알아 두면 좋은 활동 Tip

공동체 놀이를 할 때 중요한 것은 승패가 아니라 단합입니다. 놀이를 하면서 학생들이 경쟁이 심해지거나, 누군가가 불쾌해할 수 있는 요소는 미리 제거하는 것이 좋습니다.

또한 누구나 쉽게 할 수 있는 단순한 규칙의 게임이 좋습니다. 작은 학교의 다모임은 보통 저학년부터 고학년까지 함께 참여합니다. 규칙이 복잡하면 설명하는 데 많은 시간이 들고, 규칙을 이해하지 못하는 학생들도 생깁니다.

안전사고의 발생 여부도 고려해야 합니다. 처음 공동체 놀이를 무엇으로 하면 좋을까 생각했을 때, 떠오른 것은 바로 꼬리잡기 놀이였습니다. 하지만 꼬리잡기 놀이를 할 때 학생들이 다칠 수 있다는 점을 고려하여 제외했습니다. 1학년부터 6학년까지 학생들의 신체 능력의 차이가 크기 때문에, 모둠별로 경쟁을 하다 보면 다치는 학생이 발생할지도 모른다는 염려 때문이었습니다.

최근에는 다양한 형태의 공동체 놀이가 개발되어 있습니다. 3월에 공동체 놀이로 다모임을 시작해 보세요. 안전하고, 쉬우면서도 단합을 꾀할 수 있는 공동체 놀이는 학생들의 마음까지 활짝 열어줄 것입니다.

▣ 칭찬 샤워

'칭찬은 고래도 춤추게 한다'는 말이 있습니다. 이는 칭찬의 긍정적인 효과를 나타낸 말입니다. 칭찬을 하면 상대방의 감정을 상하게 하지 않으면서도 바람직한 행동 변화를 나타나게 할 수 있습니다. 또 칭찬하는 사람이나 받는 사람 모두 상대방에게 허용적이고 서로 존중하는 분위기를 형성할 수 있습니다.

모둠 활동을 하다 보면 모둠원들 사이에 크고 작은 갈등이 생기기 마련입니다. 이럴 때 칭찬 샤워는 모둠원들 사이의 긴장을 해소하고, 서로에 대해 긍정적인 마음을 갖게 할 수 있습니다.

칭찬 샤워는 이렇게

모둠원들끼리의 칭찬 샤워는 일반적인 칭찬 샤워의 방법과 같습니다. 모둠원 중 한 사람을 정하고, 그 사람의 행동이나 좋은 점을 찾아냅니다. 모둠원들은 돌아가면서 그 사람에 대해서 칭찬을 해줍니다. 한 사람에 대한 칭찬이 모두 끝나면 다른 사람을 정하여 칭찬 샤워를 시작합니다. 이렇게 번갈아 가면서 모든 모둠원을 칭찬합니다.

칭찬 샤워는 모둠 활동에서 끝나지 않습니다. 모둠별로 칭찬한 내용을 2절지에 적어서 다모임 시간에 발표합니다. 다모임 시간에 학생들은 서로 어떤 내용을 칭찬했는지 듣고, 발표가 끝나면 박수를 보냅니다.

칭찬 샤워는 마음을 여는 활동입니다. 모둠원 개개인의 모습을 평소보다 깊게 생각해 보고, 좋은 점을 찾으려고 노력해 보는 시간입니다. 칭찬을 들으면 학생들은 쑥스러워하면서도 자신도 몰랐던 장점을 발견합니다. 그러는 도중에 자존감이 향상되고, 타인을 너그럽게 바라볼 줄 알게 됩니다.

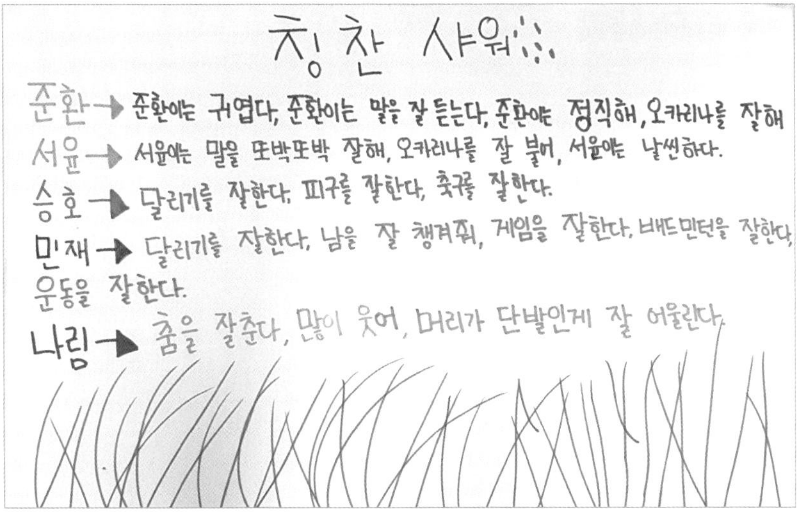

<칭찬 샤워>

알아 두면 좋은 활동 Tip

칭찬하는 걸 어려워하는 학생들이 있습니다. 상대방의 좋은 점이 무엇인지 찾아내기 힘들어하는 아이들입니다. 그런 경우에는 칭찬의 예를 들어 주면 좋습니다.

외모가 뛰어나거나 공부를 잘하는 것만 아니라 운동을 열심히 하는 것, 정리정돈을 잘하는 것, 타인을 배려하는 행동, 음식을 골고루 먹는 습관, 점심 식사 후에 바로 양치를 하는 것, 우유를 남기지 않고 먹는 것, 인사를 잘하는 것 등 사소한 행동들이 칭찬 거리가 될 수 있음을 알려 주세요.

상대방이 싫어서라기보다 크고 대단한 일만 칭찬할만한 거리가 된다고 여기는 데서 어려움이 발생합니다. 상대방의 작고 사소한 일을 떠올리고 칭찬하다 보면 서로에게 관심을 가지고, 더욱 긍정적인 관계를 형성할 수 있을 것입니다.

▣ 일 년을 마무리하며

12월은 일 년 동안의 교육 활동을 마무리하는 시점입니다. 일 년간 있었던 일들을 돌아볼 수 있도록 다모임의 주제로 삼는 것은 의미 있는 일입니다. 학생들은 학교생활을 하면서 있었던 일 중 즐거웠던 점과 아쉬웠던 점 등을 떠올려 볼 수 있습니다.

기억에 남는 일과 내가 듣고 싶은 말

2017년 12월 다모임에서는 이 주제로 활동을 했습니다. 학생들은 둥그렇게 모여 앉아서 일 년 동안 기억에 남는 일을 생각해 봅니다. 그리고 지금 이 순간, 다른 사람들로부터 듣고 싶은 말은 무엇인지 생각합니다. 5분 정도 시간이 지나면 꿀벌 보드판 2장에 기억에 남는 일과 듣고 싶은 말을 각각 1개씩 적도록 합니다. 꿀벌 보드는 정육각형 모양의 보드판으로 보드마카를 이용해서 글씨를 쓰고 지울 수 있습니다.

이 활동은 전교생이 둥그렇게 모여 앉은 상태에서 진행합니다. 한 사람씩 돌아가면서 일 년 동안 기억에 남는 일과 듣고 싶은 말을 이야기합니다. 특히 듣고 싶은 말을 한 후에는 전교생이 함께 그 말을 한 학생에게 들려줍니다. 예를 들어 가장 듣고 싶은 말이 '힘내'라고 이야기하면, 전교생이 함께 큰 소리로 '힘내'라고 이야기해 주는 것입니다.

단순해 보이지만 모두 앞에서 나의 이야기를 하고, 전교생은 힘껏 응원해 주는 따뜻한 활동입니다. 이 활동을 할 때, 예산이 있다면 LED 초를 준비하면 좋습니다. 전등을 끄고 둥그렇게 앉아 LED 초만 켠 상태에서 활동을 해보세요. 진지한 분위기에서 감동을 주는 활동이 이루어질 수 있습니다.

<일 년 마무리 활동 모습>

알아 두면 좋은 활동 Tip

일 년을 마무리하는 시기에 다모임에서 마음이 따뜻해지는 활동을 계획하면 좋습니다. 협동심을 유발하는 공동체 놀이나 마음 나누기 활동 등이 이에 해당합니다. 일 년 동안 함께한 친구와 선후배에게 고마운 마음을 전달하거나 격려하는 등의 활동을 하면 훈훈한 분위기에서 다모임을 마무리 지을 수 있습니다.

감사함과 미안함, 사랑하는 마음은 많이 표현할수록 좋다고 합니다. 평소에 어색해서 하지 못했던 말들을 나눌 기회를 마련해 주세요. 이런 말들은 듣는 사람에게 따뜻함을 전해 줍니다. 누구에게나 위로와 격려가 필요합니다. 이렇게 따뜻해진 마음은 내년도에 더욱 돈독해진 학생들의 모습으로 나타나게 마련입니다.

학생주도 활동

: 학생이 만드는 행사

▣ 몸으로 말해요

우리 학교는 일 년에 1~2번 정도는 학생주도 행사를 합니다. 이때는 학생이 계획부터 실행까지 주체적으로 참여합니다. 어떤 행사를 어떤 방법으로 운영할 것인지, 필요한 물건은 무엇인지 학생들이 스스로 결정합니다. 행사 당일에도 학생들이 주가 되어서 행사를 이끌게 됩니다.

2019년 7월에는 5~6학년 학생들이 모여서 다모임 시간에 무엇을 하면 좋을지 협의를 했습니다. 학생들은 스피드 퀴즈, 캐릭터 그리기, 슬라임 만들기 등 다양한 의견을 제안했습니다. 여러 의견 중 교육적인 효과가 있고, 전 학년이 함께 참여할 수 있으며, 5~6학년의 힘으로 충분히 준비할 수 있는 활동을 선정했습니다.

함께 즐기는 '몸으로 말해요' 게임

다수결에 의해 5~6학년 학생들은 '몸으로 말해요' 활동을 준비하게 되었습니다. 활동 방법은 간단합니다. 한 사람이 앞에 나와서 몸으로 어떤 단어를 설명하면, 자리에 앉아 있는 학생들이 어떤 단어인지 맞히는 게임입니다.

5~6학년 학생들은 활동을 준비하기 위해 역할 분담을 했습니다. 먼저 모두 함께 모여서 어떤 단어를 몇 개나 할지 정합니다. 몸으로 표현하기 힘들거나 학생들이 맞히기 어렵다고 생각하는 단어는 제외하고 20개로 추렸습니다. 이후 2명은 스케치북에 20개의 단어를 적어 넣고, 난이도를 별의 개수로 표시했습니다. 1명은 몸으로 단어를 설명하는 연습을 했습니다. 1명은 당일 스케치북을 들고 한 장씩 넘기기로 했습니다. 2명은 행사 진행 대본을 써서, 사회를 보기로 했습니다.

7월 다모임 시간에 유치원을 포함한 전교생이 어울림터에 모였습니다. 학생들은 모둠별로 자리에 앉았습니다. 모둠 미션 결과 발표, 건의사항 결과 발표, 생일 축하를 한 뒤에 '몸으로 말해요' 게임을 했습니다.

학생들에게 게임 규칙을 알려주고, 앞에서 5학년 학생이 몸으로 표현하는 단어를 맞히도록 했습니다. 단어가 적힌 스케치북을 든 학생은 맨 뒤쪽으로 갔고, 몸으로 설명하는 학생은 맨 앞에 자리했습니다. 학생들은 답을 알 때마다 손을 들고, 단어를 말했습니다.

전체가 힘을 합쳐서 모든 문제를 맞히면 상품을 주는 것으로 결정했습니다. 상품은 5~6학년 학생들이 선택한, 스티커를 붙여서 꾸밀 수 있는 비치볼이었습니다. 재미있는 답변이 나올 때마다 학생들은 웃음을 지으며, 즐겁게 활동을 마무리할 수 있었습니다.

<학생들이 낸 문제 1>

<학생들이 낸 문제 2>

알아 두면 좋은 활동 Tip

학생주도 행사는 학생이 주가 되는 활동입니다. 하지만 학생이 활동하는 동안은 담당교사가 곁에서 지켜보는 것이 좋습니다. 학생들 간 의견이 대립되거나 현실적으로 하기 어려운 활동을 선정하는 경우 담당교사가 적절한 조언을 할 필요가 있습니다. 또한, 어떤 주제로 어떤 활동을 하는지 알고 있어야 알맞은 예산과 물품 등을 지원할 수 있기 때문입니다.

다모임은 교육 활동입니다. 안전하고 교육적인 주제로 활동이 이루어져야 합니다. 전교생이 함께할 만한 활동을 선정하는 것도 중요합니다. 담당교사는 학생의 자율적인 의사결정을 방해하지 않는 선에서 적절히 개입하며 학생주도 활동이 잘 이루어지도록 도와야 합니다.

▣ 스승의 날 기념행사

5월 15일은 스승의 날입니다. 우리 학교는 2018년과 2019년 5월의 다모임 안건으로 스승의 날과 관련된 내용을 다루었습니다. 2018년에는 '감사의 달 어떻게 기념할까?'라는 주제였는데 어버이날과 스승의 날이 포함되어 있었습니다. 2019년에는 '스승의 날 어떻게 기념할까?'라는 주제로 협의를 했습니다.

2018년에는 학생들이 협의한 결과는 편지 쓰기, 카네이션 드리기, 감사장 드리기, 모여서 축하 파티하기 등이었습니다. 2019년 협의한 결과도 이와 비슷했습니다. 이 결과는 2018년과 2019년에 스승의 날 기념행사를 하는 데 반영했습니다.

학생들이 기념하는 스승의 날 행사

다모임에서 협의한 결과를 바탕으로 5~6학년 학생들은 어떻게 스승의 날을 기념할지 정합니다. 2018년~2019년에 이루어진 스승의 날 행사는 다음과 같습니다.

학생들은 사전에 선생님의 얼굴과 감사한 점을 담은 PPT를 만들고, 카네이션을 준비합니다. 또한, 정성을 담은 감사장을 만듭니다. 감사장은 학교에 계시는 선생님, 행정실 직원, 청소를 해주시는 선생님을 모두 포함합니다. 모둠별로 4분의 선생님을 정하여 감사장에 감사한 점을 적습니다. 다모임장과 부다모임장은 스승의 날 행사를 진행할 시나리오를 씁니다.

기념행사는 스승의 날 당일에 실시합니다. 학생들과 선생님은 어울림터에 모입니다. 선생님들이 들어오실 때, 학생들은 박수로 환영합니다. 모두 모이고 난 후에는 PPT를 실행합니다. 이상윤의 '선생님'이라는 노래가 흘러나오는 동안

<스승의 날 기념행사>

<선생님께 드리는 감사장>

PPT에는 학교에 계신 모든 선생님의 얼굴과 감사한 점이 나옵니다.

이후에는 각 모둠 학생들이 앞에 나와서 각각 네 분의 선생님께 감사장과 꽃을 전달합니다. 감사장은 감사함을 담은 문구가 적혀 있는데, 학생들이 한 명씩 문구를 읽고 꽃을 한 송이씩 드립니다. 한 모둠이 끝나면 다음 모둠의 학생과 네 분의 선생님께서 앞에 나오셔서 감사장 전달을 합니다.

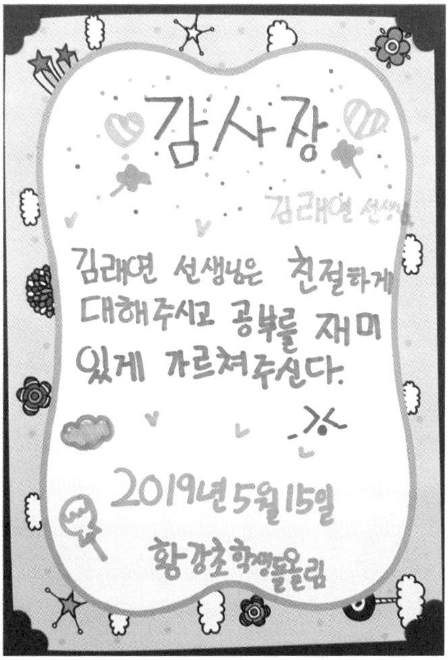

<학생이 만든 감사장>

스승의 날 기념행사의 마무리는 교장 선생님 말씀입니다. 교장 선생님께서는 행사를 준비하느라 애쓴 학생들에게 선생님을 대표해서 감사 말씀을 전하십니다. 스승의 날을 맞이하여 학생들은 선생님들께 그동안 표현하지 못했던 감사한 마음을 나타내었습니다. 선생님들은 학생들의 정성에 감동하고, 고마워하는 훈훈한 시간이었습니다.

▣ 영화 동아리 시사회

우리 학교에는 영화 자율동아리가 있습니다. 송가영 선생님께서는 5~6학년 학생들과 함께 영화를 기획하고, 시나리오를 쓰며, 영화를 제작합니다. 학생들이 배역을 맡아 연기도 하고, 감독이나 촬영을 합니다. 영화 촬영이 끝난 뒤에는 편집 프로그램을 이용하여 한 편의 영화를 만들어 냅니다.

영화 한 편을 제작하려면 많은 시간이 듭니다. 학생들의 숨은 노력과 담당교사의 열정 없이는 불가능한 일입니다. 실제로 우리 학교는 2018년에 제작한 영화 '스마트폰 대탈출'로 전북 청소년 영화제의 초등 부문 2위를 했습니다. 2019년에 제작한 영화 '3vs3'는 전북 청소년 영화제의 본선에 진출했고, 대한민국 청소년 영화제의 특선에 입상했습니다.

2018년과 2019년 다모임에서는 학생들의 노력의 산물을 학교 구성원들이 함께 공유하는 시간을 가졌습니다.

학생이 만드는 영화 시사회

영화 시사회의 순서는 다음과 같습니다. 5~6학년 학생 중 1~2명이 시사회의 시나리오를 작성하고, 진행을 맡습니다. 첫 순서는 출연진 소개 및 인사입니다. 학생들은 돌아가면서 배역 및 이름, 촬영할 때 담당 역할 등을 소개합니다. 이어서 영화 메이킹(Making) 영상을 상영합니다. 메이킹 영상은 영화를 찍으면서 있었던 짤막한 에피소드를 모은 것입니다.

메이킹 영상이 끝난 후에는 영화를 상영합니다. 영화를 보고 나서 관객과의 대화 시간을 갖는데, 이때는 영화를 본 후에 궁금한 점과 느낀 점 등을 5~6학년 학생들에게 질문합니다. 학생들은 배역이나 영화의 흐름 중 이해가 되지 않는

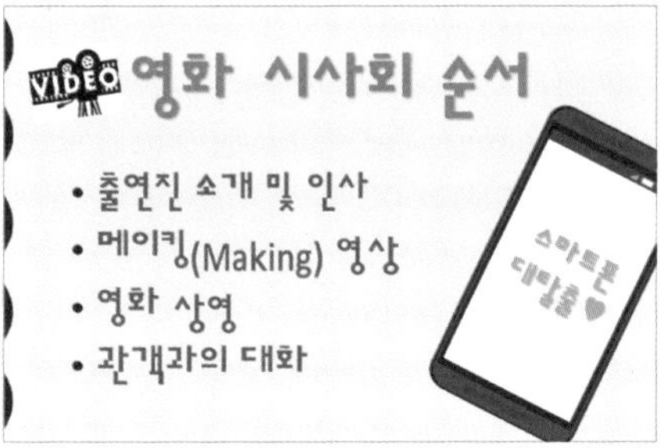

<영화 시사회 순서>

<영화 시사회의 장면>

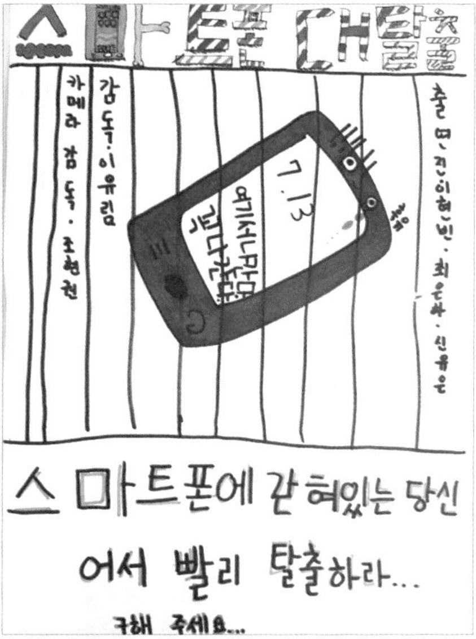

<영화 포스터>

점을 주로 물었습니다. 각각의 배역을 맡은 5~6학년 학생이나 감독을 맡은 학생이 관객의 질문에 답을 해 주었습니다.

우리 학교 학생들이 직접 만든 영화이기에 영화에 대한 학생들과 선생님들의 관심이 높습니다. 영화의 줄거리는 대개 학교생활을 기반으로 하며, 영화 촬영이 학교 안에서 이루어지므로 보는 재미도 있습니다. 5~6학년 학생들이 배우가 되어 연기하는 모습도 색다르게 느껴집니다.

2018년 7월과 2019년 9월, 두 차례의 영화 시사회를 통해서 5~6학년 학생들은 새로운 시도를 하며 성장하는 모습을 보여주었습니다.

▣ 할로윈 축제

할로윈데이는 미국 전역에서 매년 10월 31일에 유령이나 괴물 분장을 하고 즐기는 축제[14]입니다. 고창 상하목장에서는 10월 3주와 4주 주말에 할로윈 축제를 합니다. 개인적으로 2017년에 상하목장에 다녀왔는데, 볼거리와 즐길 거리가 많아서 참 좋았습니다. 그리고 우리 학교의 다모임에서도 할로윈 축제를 하면 어떨까 하는 생각이 들었습니다. 농어촌에 위치하여 다양한 문화체험을 하기 어려운 학교의 여건을 고려한 결과이기도 합니다.

5~6학년 학생들에게 의견을 묻자 대찬성이었습니다. 할로윈데이를 어떻게 교육적으로 풀어나갈지가 관건이었습니다. 고민 끝에 할로윈데이를 주제로 한 부스체험을 하기로 결정했습니다. 부스체험 전에는 다모임장이 앞에 나와서 할로윈데이에 대해 PPT로 간단하게 발표를 했습니다.

2017년, 학교에서 할로윈 축제를

2017년 10월, 5~6학년 학생들과 할로윈 축제에 어떤 부스를 운영할지 의논했습니다. 그 결과 페이스 페인팅하기, 포토존 운영하기, 미스터리 모자 속 물건 맞히기, 귀신과 가위바위보 하기, 소원 써서 나무에 걸기, 주사위 던지기의 부스를 운영하기로 했습니다. 축제를 운영할 시간이 30여 분 정도이므로 각각의 부스체험 시간은 5분으로 했습니다.

부스를 운영할 사람을 정하여 부스 안내문을 만들고, 부스체험에 필요한 준비물을 알아보았습니다. 총 6개의 부스를 운영하였고, 각 부스별로 필요한 테이블

---

14) 네이버 지식백과

과 의자의 개수도 파악했습니다. 축제 때 자신이 입을 할로윈 의상을 정하고, 부스를 운영할 때 말할 대사도 연습했습니다. 또한 할로윈데이의 의미와 하는 일에 대해서 PPT를 만들어 소개하기로 했습니다.

체험할 학생들은 유치원과 1~4학년입니다. 5~6학년 학생들을 제외하고, 각 모둠별로 팀을 이루어 체험을 하는 것으로 규칙을 정했습니다. 유치원은 2개의 모둠으로 나누어 활동하기로 했습니다. 각 모둠이 처음 시작해야 할 부스체험이 무엇인지 미리 안내했습니다.

부스체험의 규칙은 이렇습니다. 모둠별로 호박 바구니를 들고 각각 정해진 부스에서 체험을 합니다. 5분이 지나고 징이 울리면, 모둠의 학생들은 시계 반대 방향으로 이동하여 또 다른 부스체험을 시작합니다. 각 부스체험이 끝날 때마다 "Trick or treat"를 외치면, 부스 운영 담당자는 미리 준비한 사탕을 줍니다. 6개의 부스체험이 모두 끝나면 본부로 와서 간식을 받습니다.

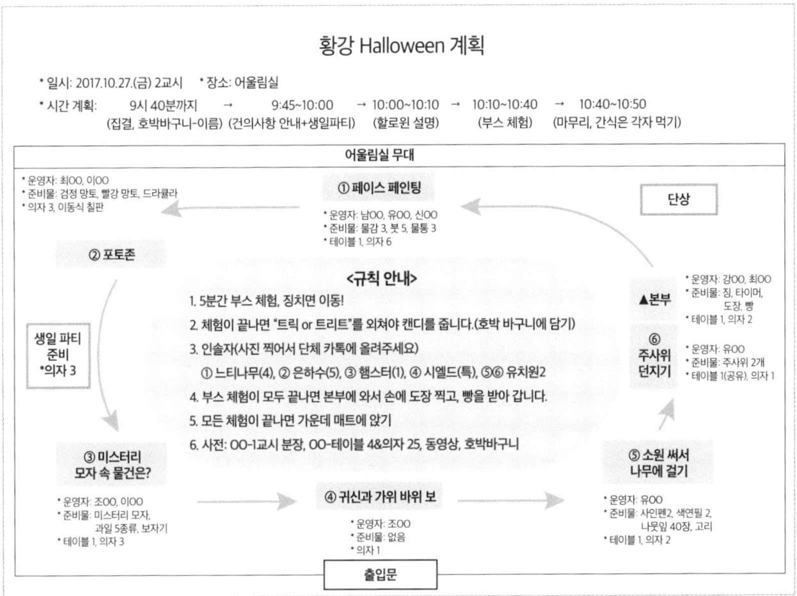

<우리 학교 할로윈 축제 계획>

<할로윈 축제 포토존>

<귀신과 가위바위보>

제한된 시간 안에 이루어지는 활동이다 보니, 준비물과 역할을 세분화할 필요가 있습니다. 1장으로 작성한 계획서에 부스 이름 및 담당자, 준비물, 필요한 의자와 책상의 개수, 운영 방법 등을 최대한 자세하게 표시했습니다. 선생님들의 협조를 미리 구하고, 계획서에 선생님들의 역할도 적었습니다.

학생들이 가장 좋아했던 코너는 포토존이었습니다. 포토존은 학생들이 할로윈 복장을 하고, 할로윈 분위기가 나도록 꾸며진 칠판을 배경으로 하여 사진을 찍는 코너입니다. 유치원 선생님의 협조로 폴라로이드 카메라로 학생들의 다채로운 모습을 담을 수 있었습니다.

알아 두면 좋은 활동 Tip

할로윈데이를 종교적인 의미로만 보면 활동을 하기 힘듭니다. 초등학교에서 영어 교과를 도입하면서 영어 문화권에 대한 교육도 함께 하는데, 그중 대표적인 것이 할로윈데이입니다.

학교에서 할로윈 축제를 열고자 할 때, 단순한 놀이에 그치면 안 됩니다. 할로윈데이는 언제고, 어디에서 기원했는지, 어떤 일을 하는지 등에 대한 교육이 필요합니다. 분장하고, 사탕을 받으며 즐거운 추억을 쌓는 것 이전에 영미문화와 관련 있는 체험을 학교에서 한다는 인식을 심어주어야 합니다.

▣ 산타 문화행사

겨울이 되면 학생들은 곧 크리스마스가 된다는 생각에 들뜹니다. 하얀 눈, 산타클로스, 선물, 캐럴 등 크리스마스는 언제 떠올려도 신납니다. 종교적인 의미를 떠나서 우리나라에서 크리스마스는 하나의 문화로 자리 잡았습니다.

2018년 12월, 우리 학교 다모임에서는 산타 문화행사를 했습니다. 전년도에 할로윈 축제를 하고 나서, 또다시 부스체험을 하고 싶다는 학생들의 의견을 반영한 결과입니다.

2018년, 산타 문화행사를 하다

학생주도 행사의 준비는 5~6학년 학생들과 협의로 시작합니다. 협의를 통해서 올해는 소원나무 장식하기, 산타와 가위바위보, 포토존, 미스터리 모자 속 물건 맞히기, 산타 바구니 만들기, 크리스마스 관련 그림 색칠하기의 6개 부스를 운영하기로 했습니다.

소원나무 장식하기 부스에서는 포스트잇에 소원을 적어 트리에 붙이면 됩니다. 산타와 가위바위보는 산타와 가위바위보를 하여 이기면 사탕을 받는 활동입니다. 특이한 점은 두 발을 이용해서 가위바위보를 한다는 점입니다. 기회를 총 3번까지 주므로 대부분의 학생들은 3번 안에 사탕을 받았습니다. 포토존에는 산타 의상과 머리띠 등을 준비해 놓습니다. 의상과 머리띠를 착용하고, 크리스마스 분위기가 나도록 꾸민 칠판 앞에서 폴라로이드 카메라로 사진을 찍습니다.

미스터리 모자 속 물건 맞히기는 까만 모자 속에 손을 넣어 어떤 과일이 들어있는지 맞히는 게임입니다. 산타 바구니 만들기는 시중에 판매하는 산타 바구니를 꾸며서 완성하는 부스입니다. 다음 부스는 크리스마스와 관련된 산타, 루돌

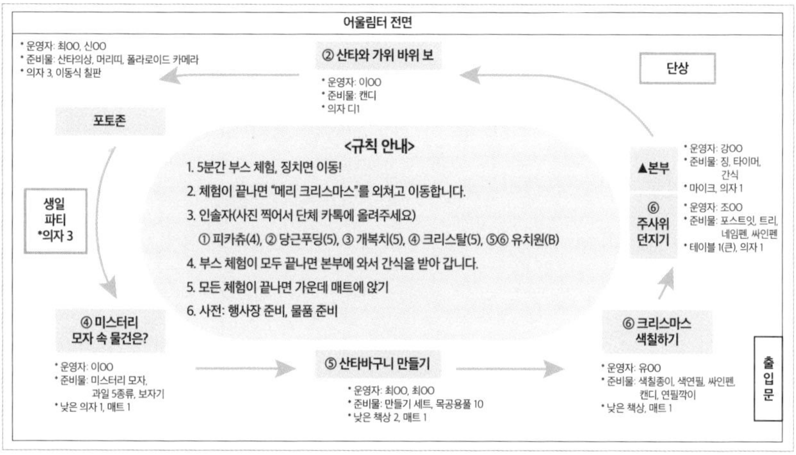

<우리 학교 산타 문화행사 계획>

프, 눈사람 등을 색칠하는 코너입니다.

체험 방식은 할로윈 축제와 동일합니다. 유치원과 1~4학년 학생들은 모둠별로 체험을 하는데, 각 체험 시간은 5분입니다. 5분이 지나 종이 울리면 시계 반대 방향으로 이동합니다. 모든 체험이 끝나면 본부석에서 준비한 간식을 받습니다. 역할 분담이 긴밀하게 이루어져야 하기 때문에 사전에 5~6학년 학생들과 선생님의 역할을 자세하게 나누어 놓았습니다. 또, 준비물이나 필요 물품 등을 기입하여 잊지 않도록 했습니다.

행사가 마무리될 즈음, 산타클로스로 변장한 교장 선생님께서 등장하셨습니다. 교장, 교감 선생님께서는 학생들에게 나눠줄 선물을 빨간 포대에 가득 담아 오셨습니다. 그리고 학생들의 이름을 한 명씩 부르면서 선물을 나누어 주셨습니다. 부스체험도 즐거웠지만, 산타클로스로 변장한 교장 선생님의 모습은 학생들에게 잊지 못할 추억이 되었습니다.

<산타 할머니와 가위바위보>

<산타 바구니 만들기>

<포토존>

알아 두면 좋은 활동 Tip

우리 학교 다모임에서는 2번의 부스체험을 했습니다. 부스체험은 여러모로 준비할 것이 많습니다. 학생들과 부스체험을 하기로 결정하고 전체적인 방향이 설정되었다면, 선생님들과도 협의를 해야 합니다.

부스체험을 하려면 선생님들의 협조를 구할 부분들이 있습니다. 부스체험을 어떤 방향으로 진행하는지 선생님들도 알고 계셔야 하고요. 담당자가 놓치고 있는 부분이나 더 나은 진행 방향을 선생님들이 이야기해 주기도 합니다. 부스체험은 전교생을 대상으로 하는 큰 행사인 만큼 협의를 하고, 준비물을 꼼꼼히 챙기는 등 사전에 많은 노력을 기울여야 합니다.

▣ 특별한 12월을 위한 행사

12월은 한 해를 열심히 살아냈다는 뿌듯함과 한 해를 마무리해야 한다는 아쉬움이 교차하는 달입니다. 학생들과 함께 그간의 다모임 활동을 돌아보면서 어떤 주제로 마무리를 할지 고민해 보면 좋습니다.

2019년 12월, 5~6학년 학생들과 모여 12월의 다모임 활동에 대해 고민했습니다. 사전모임 주제는 '우리 학교 행사 TOP3 뽑기'로 결정되었습니다. 본모임에서는 촛불의식을 하기로 했습니다. 또, 간단한 부스체험으로 선물 뽑기 코너와 포토존을 운영하기로 했습니다.

마음을 나누는 촛불의식

촛불의식은 이 책의 5장 '친교 활동'에서 소개한 내용입니다. 둥그렇게 모여 앉아서 올해 가장 좋았던 일과 내가 듣고 싶은 말을 돌아가면서 이야기합니다. 학생들은 이야기를 듣고, 그 사람이 듣고 싶은 말을 함께 외쳐 줍니다.

촛불의식이라는 이름을 붙인 이유는 LED 초를 사용하기 때문입니다. 학생들이 모두 둥그렇게 앉으면, 전등을 끄고 LED 초를 켭니다. LED 초는 인터넷에서 저렴하게 파는 것을 구매했습니다. 혹시라도 불량품이 있을 수도 있으므로 학생 수보다 조금 더 여유 있게 준비하면 좋습니다.

이 활동은 서로의 마음을 나누기 위한 것입니다. 가장 행복했던 순간을 말하면서 긍정적인 감정을 공유하고, 서로에게 용기를 북돋는 말을 해주기 때문입니다. 활동을 하는 데 생각보다 시간이 많이 걸릴 수 있으므로 올해 가장 좋았던 일과 내가 듣고 싶은 말은 미리 생각해 오도록 공지했습니다.

유치원부터 초등학교 학생들까지 모두 둥그렇게 앉은 모습은 아름다웠습니

<촛불의식>

다. 학생들은 다른 사람의 이야기에 귀를 기울이고, 상대방에게 응원의 말을 전해주었습니다. 쑥스러워서 말을 하지 못하거나, 유치원 학생들이 말을 할 때는 충분한 시간을 주고 기다려 주었습니다. 마이크를 옆으로 전달해 가며 모두의 이야기를 듣고 나니, 마음속에 따뜻한 온기가 퍼졌습니다.

긁으면 쏟아진다 & 포토존

2018년 12월에는 다모임에서 크리스마스 부스체험을 했습니다. 다양한 체험과 크리스마스 선물로 학생들이 한껏 즐거워했습니다. 2019년 12월에는 부스체험을 준비하기엔 시간이 촉박했고, 그냥 넘어가기엔 아쉬웠습니다. 그래서 5~6학년 학생들과 선물 뽑기 코너를 운영하기로 했습니다. 학생들은 이 코너에 '긁으면 쏟아진다'라는 이름을 붙였습니다.

인터넷에 찾아보면 여러 종류의 뽑기판을 구매할 수 있습니다. 한 면의 종이에 적으면 50개부터 많으면 500여 개의 뽑기 종이가 달려 있습니다. 우리 학교의 학생 수에 맞춰 가장 적은 50개의 뽑기판을 구매했습니다. 다른 것과는 달리 뽑은 후에 동전으로 긁어야만 등수를 알 수 있는 판이었습니다.

구입한 뽑기판은 1등 1개, 2등 2개, 3등 3개, 4등 4개, 5등 40개로 이루어져 있었습니다. 학교 예산에 맞춰서 50개의 선물을 준비하고, 유치원 및 전교생에게 뽑기를 할 기회를 주었습니다. 활동 방법으로 먼저 5~6학년 학생 2명이 안내문을 만들어서 설명했습니다. 다른 학생 2명은 산타 자루에 담긴 선물을 등수에 맞춰서 나누어 주었습니다. 선물은 5~6학년 학생들과 상의해서 핸드크림, 방석, 컵, 립밤, 무릎담요, 텀블러로 정했습니다. 5등의 경우 40개나 되기 때문에 텀블러와 담요를 각각 20개씩 준비하여 학생들이 선택할 수 있도록 했습니다.

포토존은 폴라로이드 카메라로 사진을 찍는 부스입니다. 산타 모자와 망토, 할로윈 의상 등을 준비해 놓으면, 학생들이 원하는 의상을 입고 사진을 찍으면 됩니다. 5~6학년 학생 2명이 활동 방법을 설명하고, 의상 입는 것을 도와주며, 사진을 찍었습니다.

학생들은 미리 활동 방법을 상의하고, 각각 역할을 나누었습니다. 또한, 필요한 준비물을 확인하고 벽보와 멘트를 준비했습니다. 5~6학년 학생들에게 간단한 소품을 선택하게 하여 착용하면 더욱 즐거운 분위기를 연출할 수 있습니다. 신나는 캐럴과 함께하면 더할 나위 없겠지요.

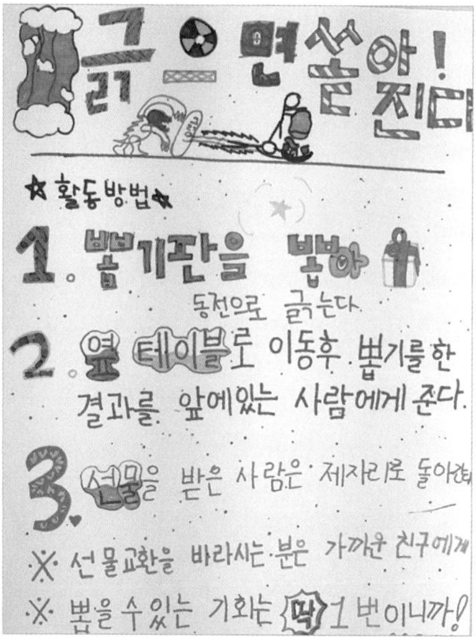

<긁으면 쏟아진다>

<포토존>

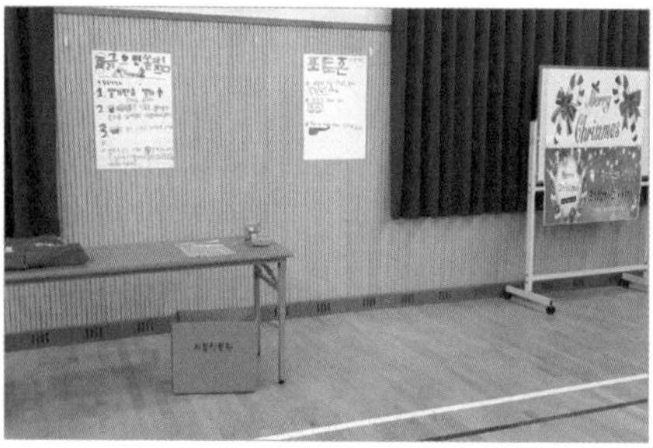

<12월의 활동 무대>

<선물을 뽑는 모습>

<포토존의 모습>

알아 두면 좋은 활동 Tip

다모임에서 학생주도 행사를 하다 보면 학생들에게 선물을 주게 되는 경우가 있습니다. 이때, 가장 고려할 점은 형평성을 맞추는 일입니다. 몇 명만 선물을 받는 것보다는 다모임에 참여한 학생 모두에게 혜택이 돌아가도록 해야 합니다. 아무리 작은 물건이라도 골고루 나누어 주어야만 소외감이나 불만을 느끼지 않습니다. 다모임은 협력과 소통을 기반으로 하고 있으므로 필요 이상의 경쟁심을 자극하지 않아야 합니다.

가격도 되도록 비슷하게 맞춰야 합니다. 우리 학교에서 '긁으면 쏟아진다' 코너를 운영할 때, 1등을 제외한 2~5등까지는 모두 가격이 비슷했습니다. 1등 상품도 조금 더 비싼 정도였습니다. 이 활동은 일반 경품 추첨과는 다릅니다. 학생들이 필요한 물건을 보다 즐거운 마음으로 가질 수 있도록 기획되었습니다. 금액의 차이가 크면 비교하는 마음이 생기므로 최대한 동등한 느낌이 들도록 배려해야 합니다. 상품의 디자인도 학생들이 좋아할 만한 캐릭터 위주로 구입을 하면 좋습니다.

기타 활동

: 다모임에 활력을 주는 활동

▣ 우리 학교의 보물 3가지 찾기

학생들은 우리 학교의 어떤 점을 좋아할까요? '우리 학교의 보물 3가지 찾기'는 이런 의문에서 출발했습니다.

자신이 소속된 학교를 긍정적으로 생각하는 것은 매우 중요합니다. 한번 부정적으로 생각하기 시작하면 학교에서 이루어지는 많은 활동에 불만을 가질 수 있기 때문입니다. 또한 부정적인 생각은 주위의 다른 사람들에게도 영향을 주게 마련입니다.

학교에 긍정적인 개념을 형성하기 위한 방안으로 우리 학교의 보물을 찾아보도록 했습니다. 보물은 다른 말로 표현하면 '우리 학교의 좋은 점'이라고도 볼 수 있습니다.

학생들이 찾은 학교의 보물은?

2018년 4월의 미션으로 '우리 학교의 보물 3가지 찾기'를 제시했습니다. 학생들은 사전모임에서 우리 학교의 보물이 무엇인지 협의했습니다. 그리고 쉬는 시간이나 점심시간을 활용하여 보물 3가지를 PPT로 작성했습니다. 결과는 4월 다모임 시간에 모둠별로 한 명씩 앞에 나와서 발표했습니다.

무지개보석 모둠은 우리들의 미소, 선생님과 친구들, 우리 학교를 보물로 꼽았습니다. 별자리 모둠은 우리들과 선생님, 학교의 상징인 소나무를 선택했습니다. 무지개 모둠은 우리들, 선생님, 부모님을 보물이라고 하였고 당근 모둠은 선생님, 학생, 철쭉, 학교를 보물로 소개했습니다.

학생들이 찾은 학교의 보물을 간추려 보면 학교의 상징, 학생, 선생님, 부모님입니다. 물질적인 것보다는 학교 구성원들의 가치를 아는 모습이었습니다. 학교의 보물찾기 활동을 하면서 학교를 더욱 사랑하고, 곁에 있는 사람들의 소중함을 알게 되었습니다.

알아 두면 좋은 활동 Tip

개교기념일은 대부분 학교에서 재량휴업일로 운영합니다. 하지만 더러는 개교기념일에 쉬지 않는 학교도 있습니다. 개교기념일에 정상 수업을 하면, 크고 작은 개교기념일 행사를 하게 됩니다. 이때, 우리 학교 이름으로 삼행시 짓기, 우리 학교의 보물찾기 등의 활동을 하면 학교를 사랑하는 마음을 기를 수 있습니다.

▣ 학교의 꽃과 식물 조사하기

학교의 화단과 운동장에는 의외로 다양한 꽃과 식물이 있습니다. 하지만 꽃이나 식물의 생김새를 자세히 관찰하거나 이름을 알아볼 기회는 많지 않습니다.

우리 학교에서는 2018년 4월, 생태프로그램의 일환으로 학교에 있는 꽃과 식물에 대해 배웠습니다. 생태교육 강사분과 함께 화단과 운동장을 돌아다니면서 식물의 이름과 특징에 대해서 알아보았습니다.

생태프로그램으로 새로 알게 된 점이 많았고, 그냥 지나가면 배운 내용이 금세 잊히리라는 생각이 들었습니다. 그래서 2018년 5월 다모임의 모둠 미션으로 '우리 학교의 꽃과 식물 3가지 조사하기'를 제시했습니다.

우리 학교의 식물에 관심 가지기

꽃과 식물을 조사하는 활동은 모둠별로 이루어졌습니다. 사전모임에서는 조사할 꽃과 식물의 종류를 정했습니다. 쉬는 시간, 점심시간 등에 모둠 학생들이 모여서 자율적으로 조사 활동을 했습니다. 학교에 비치된 스마트패드로 모둠원들이 정한 학교 내의 꽃과 식물의 사진을 찍었습니다. 또한, 인터넷에서 해당 식물의 이름과 특징을 검색했습니다.

무지개보석 모둠은 세잎클로버, 소나무, 철쭉을, 별자리 모둠은 민들레, 소나무, 철쭉을, 무지개 모둠은 민들레, 튤립, 소나무를, 당근 모둠은 조팝나무, 소나무, 벚꽃나무, 민들레를 조사했습니다.

모둠별로 조사한 내용은 5월의 다모임에서 한 사람씩 앞에 나와서 발표했습니다. 꽃과 식물을 조사하면서 학생들은 학교에 있는 식물에 더 많은 관심을 가지게 되었습니다.

<꽃과 식물 조사하기 1>

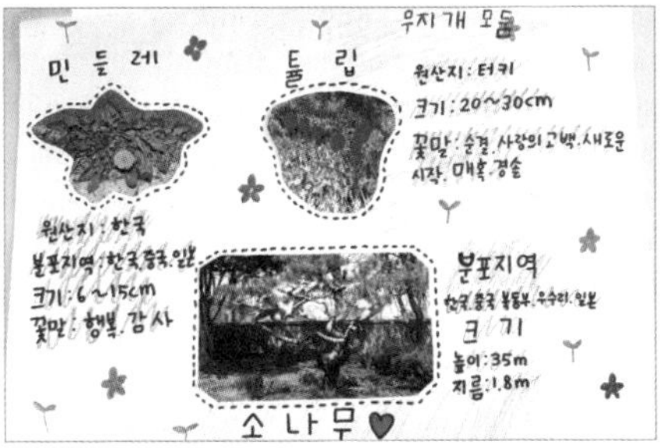

<꽃과 식물 조사하기 2>

알아 두면 좋은 활동 Tip

요즈음에는 농어촌에 사는 학생들도 꽃과 식물의 이름을 잘 모릅니다. 우리 주변의 식물에 대해 관심이 적어지고 있는 점은 매우 안타깝습니다. 우리 학교에서는 이런 점을 방지하고자 매년 4회씩 생태교육을 하고 있습니다.

학교 내의 꽃과 식물의 이름과 특징을 알아보고 생태놀이를 한다든지, 우리 지역의 공원에 가서 식물들을 살펴보는 등의 활동을 합니다. 생태교육을 통해 학생들은 평소에 관심이 없었던 풀과 나무에 대해 다시 한 번 생각해 보는 계기가 됩니다. 다모임에서 '학교의 꽃과 식물 조사하기' 활동을 하게 된 이유는 새로 알게 된 내용을 보다 오래 기억하고, 우리 주변의 식물에 관심을 갖는 계기가 되기를 바랐기 때문입니다.

1~2학년은 통합 교과, 3~6학년은 과학 교과의 생물 영역과 연계하여 생태교육을 할 수 있습니다. 생태교육을 학교의 특색이나 주된 활동으로 계획한다면, 생태교육 시간을 주기적으로 편성하여 운영할 수 있습니다.

▣ 청소년 리더십 연수

리더십은 무리를 다스리거나 이끌어 가는 지도자로서의 능력을 말합니다. 자치활동에서 리더십을 빼놓을 수 없습니다. 모둠장은 모둠 회의를 이끌어 나가고, 다모임장과 부다모임장은 전체 회의를 진행합니다.

다모임에서 리더십이 중요함에도 불구하고, 우리 학교 학생들은 전문적인 리더십 강의를 받은 적이 없습니다. 따라서 2019년 6월에는 전라북도 선거관리위원회에서 운영하는 청소년 리더십 연수를 신청했습니다.

내가 생각하는 리더십이란?

전라북도 선거관리위원회 소속 리더십 강사분께서는 40분 동안 우리 학교 학생들을 위해 리더십 연수를 해 주셨습니다.

강의의 내용은 리더십의 중요성, 리더십의 사례 소개 등이었습니다. 또한 학생들이 생각하는 리더십이 무엇인지 종이 위에 그림으로 나타내 보는 활동도 있었습니다. 다모임 모둠별로 앉은 학생들은 자신이 생각하는 리더십이 무엇인지 그려보고, 모둠끼리 이야기를 나누었습니다. 모둠 협의 시간이 끝난 후에는 각 모둠장이 앞에 나와서 모둠의 협의 결과를 발표했습니다.

학생들이 생각하는 리더십은 다음과 같습니다. 격려해 주는 사람, 정직한 사람, 다른 사람을 이해하는 배려심과 협동심, 다른 사람을 존중하는 것, 어려운 사람을 도와주고 다른 사람의 의견을 존중하는 것 등이었습니다.

전문강사의 교육을 통해 학생들은 리더십에 대해 성찰하고, 이에 대한 올바른 개념을 형성할 수 있었습니다. 이 교육은 다모임 활동을 할 때, 바람직한 모습의 리더가 되고자 노력하는 학생들이 되기를 바랐기에 실시했습니다. 다모임을 하

<학생들이 생각하는 리더십 1>

<학생들이 생각하는 리더십 2>

는 학교라면 리더십의 가치를 알고, 그 의미를 생각할 수 있는 활동을 한 번쯤 해 보면 좋습니다.

알아 두면 좋은 활동 Tip

리더십은 최근 들어 각광 받는 덕목 중 하나입니다. 개인의 의사 표현과 더불어 공동의 의견을 모으고, 앞장서서 실행해 나가는 능력의 필요성이 강조되고 있기 때문입니다. 언뜻 생각하면 활발한 성향의 사람이 리더십이 뛰어날 것이라고 여깁니다. 하지만 리더십은 경청과 배려로부터 출발합니다. 청소년 리더십 연수에서도 우리 학교 학생들은 다른 사람을 존중하는 것, 배려심, 격려 등을 리더십의 요건으로 선정했습니다.

리더십이 있는 학생으로 자라나게 하려면 누구에게나 리더의 경험을 해보게 하는 것이 좋습니다. 고학년 학생이라면 돌아가면서 한 번씩은 모둠장을 하고, 한 모둠 내에서 발표 기회를 공평하게 주어야 합니다. 저학년 학생들도 전체가 모인 자리에서 앞에 나가서 모둠의 의견을 전달할 수 있습니다. 이렇게 쌓인 리더의 경험은 학교생활 외에도 학생들이 살아가는 데 큰 자산이 됩니다.

▣ 자전거 타는 학교

자전거를 비치해서 학생들이 원하면 언제든지 탈 수 있게 하는 학교. 학생들을 위해 자전거 안전교육을 하고, 자전거 운전면허증을 발급하는 학교가 있습니다. 바로 우리 학교입니다.

이는 2019년 3월 한 학생의 건의사항으로부터 출발했습니다. 자전거 보관소가 없어서 불편하다는 학생의 의견이 자전거 타는 학교를 만드는 밑거름이 된 것입니다. 건의사항에서 '자전거를 타고 싶은 학생의 마음'을 읽어낸 교장 선생님의 아이디어이기도 합니다.

자전거는 행복을 싣고

"자전거 보관소를 만들어 달라는 의견이 나왔군요. 교장, 교감 선생님이 생각해 본 결과 학교에 자전거를 타고 오는 건 위험해요. 길이 좁고 가파릅니다. 대신에 여러분이 학교에서 마음껏 자전거를 탈 수 있도록 하겠습니다."

교장·교감 선생님과의 만남의 시간에 교장 선생님께서 하신 말씀입니다. 이어서 학교 예산을 확보해서 자전거 4대와 보호장구 6세트를 구입했습니다. 저학년과 고학년이 함께 사용할 수 있도록 자전거 2대는 보조 바퀴가 있는 18인치로, 나머지 2대는 20인치의 두발자전거로 샀습니다. 보호장구도 3세트는 소형으로, 3세트는 중형으로 구비했습니다.

자전거 사용에 관한 교직원 회의도 했습니다. 사전 안전교육을 하고, 자전거 면허증을 발부한 후에 자전거를 자율적으로 타기로 협의했습니다. 사전 안전교육은 체육 담당교사가, 자전거 면허 관련 업무는 생활 담당교사가 하기로 했습니다.

자전거 면허 시험은 필기와 실기로 나누어 치르기로 했습니다. 사전 안전교육이 끝난 후 치른 필기시험에는 자전거 사용에 대한 내용을 공통적으로 담았습니다. 실기시험은 세발과 두발의 종목으로 나누어서 운동장에 그린 ㄱ자, ㄷ자, ㅇ자, S자 코스 등을 통과하는 것으로 했습니다. 자격증은 실기시험 응시 종목에 따라서 세발 보통과 두발 보통으로 발부했습니다.

시험을 앞두고 학생들은 자전거 안전 교육자료를 공부하고, 체육시간을 활용하여 실기코스 연습도 했습니다. 1주의 시간을 준 후 필기시험을 보았고, 3주 정도의 연습시간이 끝난 후에 실기시험을 보았습니다. 시험의 결과는 전원 합격이었습니다.

면허증을 받은 학생들은 중간놀이 시간, 점심시간, 체육시간 등을 활용해서 자전거를 탑니다. 자전거를 타기 전에 타이어의 공기(A), 브레이크 작동 여부(B), 체인(C)을 확인하고 헬멧, 손과 무릎 보호대를 착용합니다. 운동장의 바람을 가르며 자전거를 타는 학생들의 모습은 몹시도 자유로워 보입니다.

학생들의 작은 건의사항과 교장 선생님의 열린 생각이 자전거 타는 행복한 학교를 만들었습니다. 자전거 타는 학교는 건전한 건의와 함께 만들어 가는 학교문화를 보여준 대표적인 예라고 할 수 있습니다.

<자전거 실기 면허시험>

<자전거 실기 코스>

알아 두면 좋은 활동 Tip

학생들의 체육활동을 다모임을 통해 일군 사례가 있습니다. 몇몇 학교에서는 학교 내에 방방을 설치해 쉬는 시간 등을 활용해서 학생들이 자유롭게 이용하도록 하고 있습니다.

문제는 방방을 이용하는 시간입니다. 어느 학년이 언제 방방을 사용할지는 다모임 회의를 통해서 정합니다. 그래서 방방 앞에 시간표를 붙여 놓고, 학생들이 자율적으로 활용할 수 있도록 합니다.

문화 혜택이 적은 농어촌 지역 학생들이 방방을 이용하며 여가활동을 할 수 있고, 더불어 신체 능력 신장에도 기여하며, 스트레스를 해소할 수 있습니다. 우리 학교에도 방방을 설치해 달라는 안건이 건의사항으로 나왔었습니다. 하지만 우리 학교의 여건상 어렵다고 판단해서 아직 설치하지는 않았습니다.

자전거나 방방 이외에도 체육활동에 대한 건의사항이 다모임을 통해서 제안되면, 가능한 범위 내에서 체육 교과 등과 연계하여 실현할 수 있습니다.

울림 다섯

한계 인정하기

누구나 좋아할 순 없어요

다모임을 운영하면서 힘겨운 순간이 종종 있습니다. 담당자의 마음처럼 다른 사람들도 다모임을 좋아하지 않는다는 생각이 들 때입니다. 사실 다모임을 운영하려면 꽤 많은 노력이 듭니다. 어떤 활동을 할지 계획하고, 학생들과 함께 준비하며 실행에 옮겨야 하기 때문입니다. 하지만 애써 준비한 활동을 싫어하는 학생들도 있고, 이를 부정적으로 보는 시선도 분명 존재합니다.

이는 사람들의 생각과 가치관이 모두 다르기 때문에 벌어지는 현상입니다. 다모임의 담당자는 자치활동의 목표와 공동체의 요구에 부합하는 방향으로 다모임을 이끌어 가며, 대개는 객관적인 자세를 유지하려고 노력합니다. 하지만 사람이기 때문에 은연중에 개인적으로 중요시하는 가치나 활동 등을 다모임에 많이 반영하게 될 수밖에 없습니다.

저의 경우를 예로 들어보겠습니다. 전교생과 전 교직원이 함께하는 생일 축하 자리에 생화로 꽃을 준비하거나 다모임 시간에 꼭 PPT를 활용합니다. 그리고 학생들과 관리자와의 의사소통이 필요하다고 여겨 교장·교감 선생님과 만남의 날을 운영하고, 사전모임에 학생들이 즐거움을 느낄 수 있도록 간식을 준비하며, 적어도 학기별 1회씩은 5~6학년 학생들이 주도하는 학생주도 행사를 하려고 합니다.

저에게는 이런 활동이 지니는 가치가 매우 중요하고 소중합니다. 하지만 저와는 다른 생각을 가지는 사람들도 있습니다. 굳이 그렇게까지 다모임을 운영할 필요성을 느끼지 못하는 것입니다. 누구나 중요하게 생각하는 부분이 다르기 때문에, 이런 부분에서 이견이 있을 수 있습니다. 초등학교의 경우 매년 업무가 바뀌는 경우가 많고, 그래서 다음 다모임 담당자가 부담스러워 할 가능성이 있는 활동을 하는 것이 조심스럽기도 합니다.

하지만 다모임은 유동성이 생명입니다. 현재 우리 학교 다모임이 정답이라고 볼 수 없습니다. 매년 달라지는 학교의 상황에 맞춰 다모임에 변화를 줄 수 있습니다. 담당자가 바뀌면 또 그에 따라 다모임을 추진하는 방향이 바뀔 수 있습니다.

이전에 했던 활동 중 우리 학교에서 계속 추진할 것은 남기고, 새로운 활동을 도입해도 됩니다. 그렇기에 크게 문제가 있지 않는 한, 담당자는 소신 있게 다모임 활동을 계획하고 실현해 나가야 합니다. 모두의 입맛에 맞는 계획은 사실 존재하지 않으니까요. 다소 반대가 있더라도 현재 학교 현실에서 필요하고, 중요하게 여겨지는 가치는 담으려고 노력해야 합니다.

아이들도 때로는 다모임을 좋아하지 않습니다. 구체적으로 말하면 다모임 중 특정 활동을 싫어합니다. 발표를 싫어하는 아이에게 다모임의 모둠 협의나 모둠 결과 발표 시간은 고역입니다. 아무리 재미있는 활동을 준비해도 몇몇 아이들에게는 그저 억지로 해야 하는 활동일 뿐입니다.

5~6학년 학생들이 주도해서 크리스마스 부스체험을 준비한 적이 있었습니다. 유치원과 1~4학년 학생들이 돌아다니면서 5~6학년이 준비한 부스를 체험하는 형식이었지요. 그중 한 부스는 익명으로 소원을 적어 트리에 거는 활동이었습니다. 여러 소원 중 '크리스마스 행사가 싫어요'라는 글자가 눈에 들어왔습니다. 처음에는 의아했습니다. 재미있고, 맛있는 간식도 주는데 도대체 어떤 점이 싫을까 싶었습니다. 그러나 조금 더 생각해 보니 그럴 수도 있다는 생각이 들었습니다. 한 시간 동안 활동을 하는 점이나 하기 싫은 활동도 모둠별로 해야 하는 등 나름의 이유가 분명히 있을 거라 여겼습니다. 아니면 개인적인 이유로 크리스마스에 대해 거부감이 있을 수도 있고요.

99명이 좋더라도 단 1명은 싫어할 수 있습니다. 그리고 그것이 잘못된 것이 아닙니다. 다모임에는 여러 사람이 참여하고, 다양한 활동들이 이루어지기 때문에 부정적으로 여길 수 있는 부분이 얼마든지 존재합니다. 하지만 부정적인 의견에 너무 집중하면 다모임 활동 자체가 이루어지기 힘듭니다. 다른 의견은 합리적인 선에서만 받아들여 다음 다모임의 활동에 반영하는 것이 좋습니다.

모두에게 100% 흡족한 모습이 아닐지라도 그것이 다모임 활동이 가치 없음을 의미하지는 않습니다. 담당자는 다모임을 실현하기 위해 끊임없이 노를 저어야만 하는 존재입니다. 담당자로서는 다소 힘이 빠지지만, 다모임 활동은 모두 좋아할 수 없다는 사실을 인정해야만 합니다. 그래야만 일 년간 다모임 활동을 끗끗이 이어나갈 수 있습니다.

CHAPTER 06

작은 학교의 선거

자치활동에서 선거는 빠질 수 없습니다.

전교생 앞에서 공약을 이야기하며,

공정한 절차에 의해서 학생 임원을 선출하는 활동이기 때문입니다.

우리 학교 학생들의 입장을 대변할 대표를 뽑는 일이기도 합니다.

그 중요성만큼이나 학생들은 많은 관심을 가지고 선거에 임합니다.

선거의 3가지 원칙
: 보다 빠르고 수월하게 선거하기

보통 학교에서는 학기별로 1회씩 선거를 합니다. 우리 학교도 선거 횟수는 동일합니다. 하지만 학교 규모가 작다 보니, 모든 절차를 완벽하게 소화하기란 쉽지 않습니다. 4년간 자치활동을 맡으면서 총 8번의 선거를 맡았습니다. 그리고 작은 학교의 선거는 간소화가 필요하다는 생각이 들었습니다.

간소화는 최대한 간단하게 선거를 끝마치는 것을 뜻하지 않습니다. 학교의 여건에 맞춰 우리 학교만의 선거문화를 만드는 것을 의미합니다. 선거의 기본 원칙은 살리되, 학교의 여건상 실현하기 어려운 부분은 생략하거나 수정하면서 작은 학교 나름의 선거 방법을 만들어왔습니다.

첫 번째 원칙, 한 학기 먼저 하는 선거

우리 학교의 선거는 한 학기 일찍 시작합니다. 예를 들어, 2020년 1학기 다모임 임원 선거를 2019년 12월에 합니다. 이렇게 선거를 앞당겨 하는 이유는 미리 다모임 임원이 구성되어 있으면 여러 가지 장점이 있기 때문입니다.

첫째, 조급하게 신학기를 시작하지 않아도 됩니다. 대개 매 학기 초에 학생 임원 선거를 합니다. 하지만 학기 초는 선생님도 바쁘고, 학생들도 들뜨기 쉬운 시기입니다. 이때 선거를 하면 할 일은 많고 마음은 급해, 선거를 하는 것 자체가 다소 부담스럽게 여겨질 수 있습니다.

둘째, 다모임을 내실 있게 운영할 수 있습니다. 3월의 다모임 활동으로 선거를 하면, 대개는 4월부터 정상적인 다모임 활동이 시작됩니다. 미리 다모임 임원이 구성되면 한 달은 빠르게 다모임을 진행할 수 있습니다.

셋째, 투표할 때 학생들의 선택권을 보장할 수 있습니다. 한 학기 동안 함께 생활을 하다 보면 서로의 장단점을 잘 알게 됩니다. 또 한 학기가 마무리되는 시점에서 투표를 하면 교육 활동의 연장선에 있기 때문에 우리 학교에 꼭 필요한 공약이 무엇인지 판단할 수 있습니다. 한 달여의 방학 생활을 하고 난 후, 신학기에 후보자와 공약에 대해 판단하는 것보다 훨씬 효과적입니다.

넷째, 학생들이 마음의 준비를 할 시간적 여유가 있습니다. 선거를 하고 나면 대개는 방학을 하게 됩니다. 방학 동안 다모임의 방향 설정이나 어떤 모습으로 다모임을 이끌어 나갈지 미리 생각해 볼 수 있습니다. 또, 이미 구성된 학생 임원들이 모여 신학기가 있는 3월이나 9월의 다모임을 어떻게 꾸려나갈지 협의할 수 있습니다.

두 번째 원칙, 선거의 간소화

작은 학교는 선거를 간소화할 필요가 있습니다. 전 학년이 참여하는 행사나 다른 업무가 많기 때문입니다. 축소하거나 통합할 수 있는 부분은 찾아내어 학생이나 선생님 모두에게 부담 없는 선거문화를 만들어야 합니다.

순서	단 계	시 기	
		일반적인 경우	간소화
1	전교 다모임 임원 선거일 공고	선거 3~4주 전	2주 전까지
2	후보 등록	선거 2~3주 전까지	
3	후보자 선거운동	선거일 전까지	선거일 전까지
4	후보자 합동 소견 발표	선거 당일	선거 당일
5	투표·개표	선거 당일	
6	당선 확정 발표	선거 당일 또는 다음 날	
7	당선증 수여	학교가 정하는 날	
8	전교 다모임 조직 운영	당선 발표 후	당선 발표 후

<다모임 선거의 절차>

선거는 일반적으로 다음의 순서로 이루어집니다. 먼저 선거 3~4주 전에 선거일을 공고합니다. 선거가 이루어지기 2~3주 전까지 후보 등록 기간을 줍니다. 대개는 일주일을 후보 등록 기간으로 정합니다. 후보 등록이 끝나면 선거운동을 하는데, 보통 선거가 이루어지는 전날까지 실시합니다. 후보자 소견 발표나 투표, 개표는 당일에 이루어집니다. 투표를 오전에 하면, 개표는 오후에 하는 경우가 많습니다. 이후 당선자 확정 발표를 하고 당선증을 수여합니다. 전교 다모임 모둠이나 모둠장의 조직은 당선 발표 후에 합니다.

우리 학교는 몇 가지 절차를 통합해서 운영합니다. 우선 임원 선거일 공고와 후보 등록을 통합합니다. 이전에 선거일 공고는 공고문을 벽에 붙여 놓는 방법으로 했는데, 공고문을 붙이고 또 대상 학생들에게 안내해야 하는 불편함이 있었습니다. 공고문이 문서 형식으로 적혀 있어 학생들에게는 낯설기 때문입니다. 그래서 공고문을 붙이는 과정을 생략하고, 대신 선거 대상 학년 학생들에게 선거 2주 전에 구두로 안내했습니다. 1주일의 기간 동안 충분히 생각해 보고 선거 등록을 원하는 학생들은 의사를 표현하도록 말입니다. 다모임장, 부다모임장에 선출 가능한 학생이 채 10명이 되지 않는 상황에서 굳이 공고문을 붙이는 것이 불필요하게 여겨졌고, 간소화한 방법으로도 충분히 해당 단계를 마무리할 수 있었습니다.

선거운동은 피켓 등의 용구를 활용해 해당 후보의 공약을 홍보하는 활동입니다. 우리 학교 선거 계획에 피켓의 규격 및 개수, 어깨띠나 벽보에 대한 규정이 들어가 있습니다. 하지만 우리 학교는 벽보를 붙이는 것으로 선거운동을 대신합니다. 학생들이 급식을 먹으러 가는 계단의 벽에 벽보를 붙여 두면, 하루에도 몇 번씩 오르내리면서 후보자와 공약을 확인할 수 있습니다.

대다수의 투표권자에게 홍보를 하려면 각 후보별로 선거인단이 꾸려지고, 홍보 물품을 제작해야 합니다. 우리 학교처럼 전교생이 얼굴과 이름을 아는 작은 규모의 학교에서는 이런 활동을 하지 않아도 홍보가 원활하게 이루어집니다. 무엇보다도 선거운동을 준비하는 데 드는 시간과 노력을 학생들이 감당하기에 충분한 여건이 되지 않는다고 생각했습니다.

또한 후보자 소견 발표, 투표, 개표, 당선 확정 발표, 당선증 수여는 모두 당일에 이루어집니다. 우리 학교는 선거권자의 수가 적어 투표 시간이 짧습니다. 그래서 한꺼번에 진행할 수 있는 시간적 여유가 있습니다. 이에 대해서는 세 번째 원칙에서 자세히 설명하겠습니다.

세 번째 원칙, 통합하기

2016~2017년에 선거를 할 때는 7월과 12월에 다모임을 2번씩 했습니다. 한 번은 다음 학기의 다모임 임원 선거였고, 또 다른 한 번은 그 달의 다모임 활동이었습니다. 몇 번 운영을 하다 보니, 굳이 2번씩 나누어서 할 필요가 없겠다 싶었습니다. 그래서 2018~2019년 7월과 12월에 2차시씩 다모임을 운영하기로 했습니다.

시간을 통합하니, 다모임 활동을 준비할 횟수가 적어졌습니다. 물론 2가지를 한꺼번에 하려면 부담되는 부분도 있지만, 나눠서 하는 것보다 준비시간이 줄어들어 훨씬 효율적이었습니다.

또, 우리 학교는 개표 결과 공지와 당선증 수여를 당일에 바로 합니다. 선거가 끝난 후에 선거관리위원 학생들이 모여서 개표를 하고, 당선증을 만들어서 주는 것이 일반적인 절차입니다. 이렇게 하려면 개표를 위해서 학생들이 모이고, 당선증 수여를 위해 또 한 번 모여야 합니다. 담당교사도 개표와 당선증 수여를 따로 준비해야 하고요. 그래서 선거부터 개표, 당선증 수여까지 1차시 안에 모두 하는 방법을 고안했습니다.

투표가 모두 끝나면 선거관리위원 학생과 개표 담당교사는 선거장의 뒤편에 모입니다. 개표 담당교사가 참관한 가운데 선거관리위원 학생들은 개표를 실시합니다. 개표를 하는 동안 다른 학생들은 선거와 관련된 동영상을 10분가량 시청합니다. 개표 후 확인까지 모두 마치면, 개표 결과를 공개합니다.

이어서 당선증 수여를 합니다. 어느 후보자가 당선될지 모르는 상황이기 때문에, 당선증은 후보자별로 각각 인쇄해 둡니다. 후보자가 3명이면 3장의 당선증을 모두 준비해 놓습니다. 그중 당선된 학생에게는 당선증을 수여하고, 그렇지 않은 경우에는 준비한 당선증을 파기합니다.

이는 작은 학교이기 때문에 가능한 일입니다. 규모가 큰 학교는 개표를 하는 데에도 시간이 많이 걸립니다. 개표와 당선증 수여를 한꺼번에 하기 힘듭니다. 하지만 학생 수가 적은 학교라면 시간이나 절차를 통합하여 운영하면 보다 효율적으로 선거를 할 수 있습니다.

알아 두면 좋은 선거 Tip

우리 학교는 선거할 때, 유튜브에 있는 선거 관련 영상을 활용합니다. 선거는 미래의 리더를 선출하는 과정인 동시에, 다음 학기에 대한 새로운 희망을 품는 과정입니다. 그래서 너무 진지하기보다는 부드럽고 즐거운 마음으로 선거에 임하기를 바라는 마음으로 선거 관련 음악이나 애니메이션 등을 보여줍니다.

제19대 대통령선거 공식 캠페인 송인 '내가 선택한 세상'은 투표를 할 때 들려주기 적합합니다. 잔잔한 음악과 선거에 대한 가사가 투표 활동과 어울립니다. 우리 학교는 학생 수가 적지만, 투표 시간은 20분 남짓 걸립니다. 그래서 특정 정당이나 후보와 관련 없는 선거 노래를 3~4개 정도 미리 선정하여 반복해서 재생합니다.

중앙선거관리위원회의 '안녕 자두야' 시리즈는 선거를 주제로 해서 여러 편으로 제작된 애니메이션입니다. 학생들에게 친숙한 캐릭터라 재미있게 선거의 의미나 중요성을 파악할 수 있습니다. '민주주의 선거교실 애니메이션' 시리즈 또한 길이가 짧고, 선거의 다양한 측면에 대해 알 수 있습니다.

'몽당분필'에서 제작한 선거 영상도 초등학생이 이해하기 쉽습니다. 개표할 때, 적당한 길이의 영상을 선택해서 학생들이 시청하도록 하세요. 개표하는 시간도 확보되고, 학생들도 선거를 보다 깊이 있게 이해할 수 있습니다.

작은 학교의 선거 방법

아무리 학생 수가 적고, 선거 절차를 간소화한다 하더라도 담당자는 해야 할 일이 많습니다. 선거 전에 준비하고 확인해야 할 일들이 있기 때문입니다. 그래서 선거 전에는 선거 절차를 살펴보고, 각 단계에 맞게 어떤 일을 해야 하는지 살펴볼 필요가 있습니다.

선거의 단계별 하는 일

우리 학교의 선거는 선거일을 공고하는 것으로 시작합니다. 선거에 나올 대상 학생들에게 선거일과 후보 등록 방법을 알려줍니다. 후보 등록 기간은 1주일 정도의 여유를 둡니다. 입후보를 원하는 학생에게는 관련 서류를 주는데 후보자등록 신청서와 추천장, 동의서, 공약서입니다.

후보자등록 신청서는 입후보를 한다는 취지를 담고 있고, 추천장은 우리 학교 학생들 총 5명의 추천을 받아야 합니다. 동의서는 입후보에 대한 보호자의 동의를 받는 것이고, 공약서에는 자신이 당선되면 지킬 약속을 2~5가지 정도 적어 제출합니다.

후보자등록이 마감되면 이후에는 선거운동을 준비해야 합니다. 우리 학교는 선거 운동을 벽보로 대체합니다. 그래서 학생들에게 2절지 크기에 선거명과 후보자 번호, 이름, 공약을 담은 선거 벽보를 작성하도록 합니다. 학교 근처에 문구점이 없어서 종이를 구하기 어려우므로 담당교사가 자치활동 예산으로 구입한 종이를 나누어 줍니다. 유성 매직으로 종이에 글자를 적으며, 벽보에 붙일 학생 사진은 담임 선생님께 협조를 구해서 마무리합니다.

벽보와 함께 연설문도 안내합니다. 연설문의 형식과 기존의 연설문 양식을 예시로 보여주고, 연설문도 함께 준비하도록 합니다. 벽보와 연설문은 되도록 주말에 집에서 완성해 오도록 합니다. 적어도 선거 10일 전에는 벽보를 붙여 선거일과 입후보자, 공약 등을 공고하는 것이 바람직하기 때문입니다.

학생들이 만든 벽보는 담당교사가 임의로 수정하지 않습니다. 우리 학교 선거 계획에도 벽보는 학생이 손수 만든 것을 활용한다고 적혀 있고, 대부분의 학생들이 벽보의 양식에 맞게 잘 준비를 합니다.

학생들이 쓴 연설문의 경우도 원문을 그대로 살리되, 맞춤법이 어긋나거나 문맥의 흐름상 맞지 않는 경우에만 학생의 동의를 얻어서 수정합니다. 공책에 학생들이 연필로 연설문을 쓰면 담당교사는 원문을 타이핑해서 학생들에게 줍니다. 연설문은 선거 당일에 발표해야 하므로, 틈틈이 말하는 연습을 하도록 안내합니다. 또한, 2차례 정도 입후보한 학생들이 모여서 앞에 걸어 나가 인사하는 법, 천천히 또박또박 발표하는 법, 인사하고 퇴장하는 법 등을 연습합니다.

당선 소감과 활동 소감, 당선증 받는 것도 연습해야 합니다. 누가 당선될지 모르는 상황이므로 입후보한 학생들 모두 당선 소감을 3~4문장 정도로 간단하게 준비하도록 합니다. 당선증을 받을 때 인사하는 방법, 상장을 옆구리에 끼우는

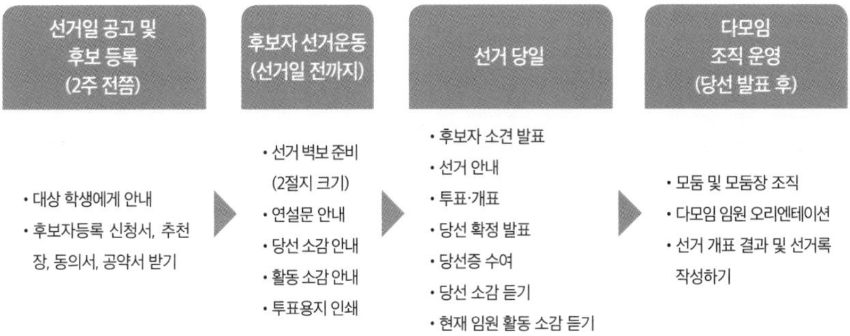

<선거의 절차>

방법 등도 지도해야 합니다. 활동 소감은 해당 학기에 임원을 했던 학생들의 이야기를 듣는 순서입니다. 이 학생들에게도 미리 한 학기 동안 활동을 한 소감을 듣는다고 알려주고, 활동 소감을 3~4문장 정도로 준비하도록 합니다.

담당교사는 선거 때 쓸 투표용지를 미리 만들어 놓습니다. 크기는 A4의 절반 정도이고, 다모임장과 부다모임장 투표용지는 구분하기 쉽도록 색깔을 다르게 합니다. 투표용지는 만약을 대비하여 학생 수보다 2장 정도 여유 있게 준비합니다.

선거 당일에는 국민의례 후, 후보자 소견 발표를 듣습니다. 후보자 소견 발표는 다모임장 후보, 부다모임장 순으로 합니다. 후보자 소견 발표가 끝나면 선거의 4대 원칙과 선거 방법을 안내합니다. 선거인 명부 작성 방법, 투표용지에 정확하게 도장을 찍는 방법, 투표용지를 2번 접는 방법 등을 설명합니다. 1학년까지 선거에 참여하므로 최대한 자세하게 설명하는 것이 좋습니다.

이후 개표를 시작하는데, 개표하는 동안 학생들은 선거 관련 영상을 시청합니다. 개표 후 당선자 발표, 당선증 수여, 당선 소감 발표, 학생 임원 활동 소감 발표를 하고 교장 선생님 말씀을 듣습니다. 당선 발표 후에는 다모임 모둠, 모둠장 등의 조직을 하는데, 이렇게 구성된 다모임 임원을 대상으로 각자의 역할이나 앞으로의 전반적인 운영 방향에 대해서 이야기를 나누는 오리엔테이션 시간을 가지면 좋습니다.

선거가 모두 끝났으므로 개표 결과와 선거록을 작성합니다. 개표 결과에는 각 후보별 득표수가 적혀 있고 선거록에는 투표와 개표일시, 장소, 투표상황 및 후보자별 득표상황, 당선자 명단이 나타나 있습니다. 개표 결과와 선거록은 교장·교감 선생님의 결재를 맡아 업무관리시스템에 비공개로 등록해 둡니다.

선거 계획서 작성하기

초등학교에서 이루어지는 교육 활동은 법적 근거를 지니고 있습니다. 다모임 임원 선거를 할 때도 사전에 계획을 수립하여 업무관리시스템에 등록해야 합니다. 선거 계획은 큰 학교라면 4주 전에, 아무리 작은 학교라도 2주 전에는 결재가 완료되어야 합니다. 최소한 2주의 시간은 여유를 두고 선거를 준비해야 하기 때문입니다.

그럼 우리 학교 선거 계획서에는 어떤 내용이 들어있는지 살펴보겠습니다.

먼저 목적에는 초등학교 자치활동의 목표와 관련된 내용을 넣습니다. 방침은 선거의 대략적인 방향을 담는데, 우리 학교는 선거 방법의 공정성과 시간 운영에 대해 서술했습니다.

세부 운영 계획은 선거를 실시하는 구체적인 내용을 담습니다. 선거를 하는 다모임 임원의 종류, 인원, 대상 학년, 임기 등을 자세히 적어야 합니다. 임원 선출 방법은 투표를 통해서 임원을 정한다는 사실과 선거 일시, 장소, 투표 대상자, 입후보 등록조건을 나타냅니다. 선거에 필요한 용품은 기표소와 투표함이 대표적이며 선거관리위원과 참관인, 개표 방법, 동점자 처리 방법도 넣어야 합니다.

순서	구분	내용
1	목적	• 자율적인 생활 경험 • 민주적이고 협동적인 생활 태도
2	방침	• 선거 방법의 공정성 • 각 학년의 자율활동(자치·적응활동)과 연계하여 실시
3	세부 운영 계획	• 다모임 임원 종류, 인원, 대상 학년, 임기 • 임원의 선출 방법 • 선거 일시, 장소, 투표대상자, 입후보등록 조건(선거인 5인의 추천과 보호자의 동의) • 선거 용품, 선거관리 위원, 참관인 • 개표방법, 개표장소, 개표자, 집계기록, 참관인, 동점자 처리, 당선 확정 • 선거운동 기간, 벽보 및 피켓 크기, 선거운동 시 유의점 등 • 다모임 임원 선출 일정
4	부록	• 선거인 명단 • 후보자등록 신청서 • 추천장(선거인 5인) • 동의서(보호자) • 공약서 • 개표 결과 • 선거록 • 선거 공고, 입후보자 공고, 당선자 공고

<우리 학교 다모임 임원 선거 계획서의 개요>

선거운동 기간과 유의점, 벽보와 피켓 크기 및 개수 등도 상세하게 기술할수록 좋습니다. 마지막으로 다모임 임원 선출일정을 정확한 시기를 포함해서 넣습니다. 이외에도 선거의 전반적인 유의점, 기대효과 등을 담아도 됩니다.

부록에 선거할 때 필요한 양식을 모두 넣으면 나중에 파일을 따로 만들지 않아 편합니다. 선거인 명단 및 후보자등록 신청서, 추천장, 동의서, 공약서, 개표 결과, 선거록 등을 선거 계획의 부록으로 미리 작성해 놓습니다. 선거공고, 입후보자 공고, 당선자 공고는 일반적인 부록 양식에는 포함되어 있으나, 우리 학교에서는 별도로 사용하지 않습니다. 벽보로 선거 및 입후보자 공고를 대신하고, 당선자 공고는 선거 당일에 당선증 수여와 함께 이루어지기 때문입니다.

선거장 준비하기

선거장은 하루 전에 준비하는 것이 가장 좋습니다. 당일에는 담당교사도 수업을 해야 하고, 마음이 바쁘기 때문입니다. 선거 전날, 수업이 모두 끝난 시간에 학생 임원들과 함께 선거장을 준비하는 것이 이상적입니다. 하지만 학교의 여건상 미리 선거장을 준비하기 어려운 경우라면, 당일 오전이나 쉬는 시간을 활용해야 합니다.

우리 학교에서 필요한 선거 물품은 기표소 2개, 도장 2개, 투표함, 선거인 명부, 투표용지입니다. 선거관리위원 학생들이 쓸 책상과 의자도 챙겨야 합니다. 담당교사는 선거 물품이 모두 확보되었는지 일주일 전에는 확인해야 합니다. 투표용지나 선거인 명부는 짧은 시간 안에 준비할 수 있지만, 기표소나 투표함 등은 준비하는 데 시일이 소요됩니다.

먼저 기표소와 투표함, 도장은 각 지역에 위치한 선거관리위원회에서 대여 받을 수 있습니다. 학교에서 협조 공문을 보내어 선거 물품을 찾아오고, 다시 반납하는 형태입니다. 우리 학교도 처음 2년 동안은 이 방법을 썼으나, 매 학기 있는 선거에 매번 공문을 보내고 찾아오는 것이 번거로웠습니다. 그래서 자치활동 예산이 있을 때 기표소와 투표함, 도장을 조금씩 마련했습니다. 현재는 학교 자체에 구비된 선거 물품으로 선거를 합니다.

투표용지는 담당교사가 직접 제작할 수도 있고, 선거관리위원회의 지원을 받을 수도 있습니다. 우리 지역 선거관리위원회에서는 학교에 방문하여 투표용지와 선거 물품을 지원해주는 활동을 합니다. 신청서에 선거명과 후보자 이름 등을 기록하여 공문으로 보내면 선거관리위원회에서 투표용지를 제작해서 보내줍니다. 또한 선거관리위원회에서는 전자투표도 지원해주는데, 우리 학교는 학생 수가 적어 신청하지는 않았습니다. 학생 수가 많은 학교라면 투표용지도 따로 만들지 않아도 되고, 개표도 전자집계되므로 전자투표를 고려해 볼 수 있습니다.

선거인 명부는 투표권자인 학생들의 이름이 모두 들어가 있어야 하며, 이름 옆을 공란으로 두어 투표 전에 서명하도록 합니다. 우리 학교는 전교생이 선거에 참여하기 때문에 1~6학년의 이름이 모두 명부에 들어가 있었습니다.

그럼 선거 당일 선거장의 모습을 살펴보겠습니다. 우리 학교 선거장은 다음과 같이 꾸밉니다. 전면에는 태극기와 스크린이 있습니다. 그 옆에 기표소를 2개 설치합니다. 투표함은 스크린 앞에 두고, 학생들을 바라보도록 연설 단상을 놓습니다. 이는 후보자가 앞에 나와서 연설문을 발표하거나 당선 소감, 활동 소감 등을 말할 때 사용합니다.

선거의 사회는 대개 자치활동 담당자가 맡습니다. 사회자용 단상을 준비하고, 기다란 책상 위에 선거인 명부와 투표용지를 놓습니다. 투표가 시작되면 선거관리위원 학생들이 활동합니다. 1명은 선거인 명부 앞에서 학생들이 자신의 이름 옆에 알맞게 서명하는지 확인합니다. 2명의 학생은 다모임장과 부다모임장의 투표용지를 각각 나누어 줍니다. 기표소 앞에도 선거관리위원 학생이 있어서 차례를 지켜서 기표소 안에 들어가도록 안내합니다. 투표함 앞에 있는 학생은 학생들이 투표용지를 제대로 넣는지 확인합니다. 선거인 명부가 놓인 책상 앞의 학생은 다른 학생들이 질서를 지켜 명부를 작성하고 투표용지를 받도록 합니다.

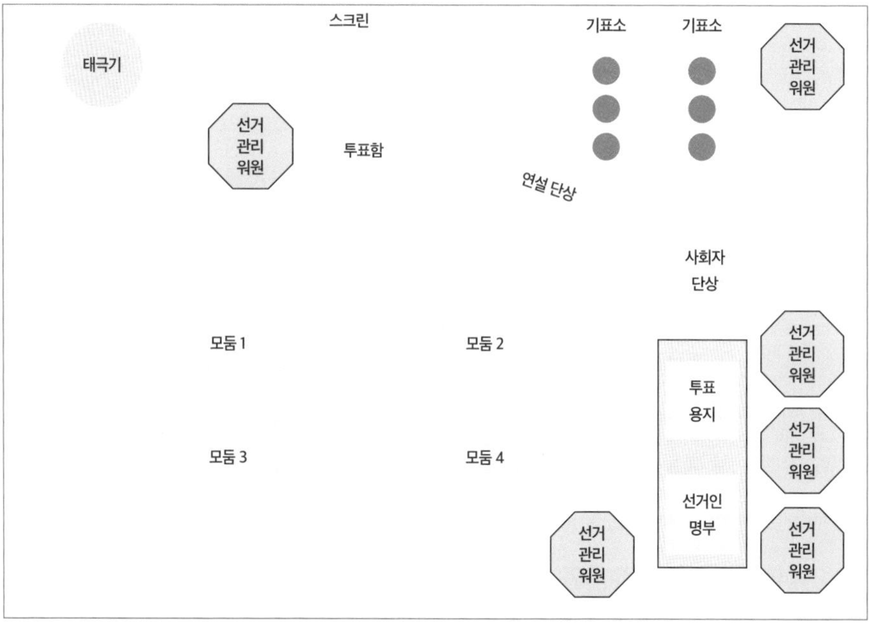

<우리 학교 선거장의 모습>

<선거장의 모습>

<투표하는 학생들>

<선거 벽보>

알아 두면 좋은 선거 Tip

작은 학교의 경우 단일 후보로 선거를 하는 때가 종종 있습니다. 단일 후보일 경우에는 찬성과 반대로 투표를 해서 과반수 이상의 찬성표를 얻을 때 당선됩니다. 만일, 과반수 이상이 반대할 경우에는 해당 임원직을 수행할 사람이 없어 재선거를 해야 할 상황이 생깁니다.

우리 학교에서는 이런 일이 일어나지는 않았습니다. 하지만 단일 후보로 입후보하면, 담당교사는 혹시라도 발생할 수도 있는 상황이 염려됩니다. 개중에는 나와 친하지 않거나, 내가 싫어하는 점이 있다는 이유로 반대를 하는 학생들이 있기 때문입니다.

이를 방지하기 위해 선거 전에 담당교사는 후보를 선택할 때의 유의점에 대해 설명합니다. 나와의 친분이나 다툼, 개인적인 감정을 배제한 채 투표하라고 말입니다. 후보자가 내세우는 공약이나, 앞으로 다모임을 잘 이끌어 나갈 수 있는지의 여부를 판단의 기준으로 삼으라고 이야기합니다.

이는 후보가 2인 이상 나왔을 때도 마찬가지입니다. 우리 학교는 학생 수가 적기 때문에 점심이나 중간놀이 시간에 자주 마주치고, 그래서 학생들 간의 크고 작은 마찰이 있을 가능성이 있습니다. 투표가 감정적으로 이루어지지 않도록 담당교사의 지도가 필요합니다.

자리가 사람을 만듭니다. 학생들의 큰 지지를 받지 못했더라도 막상 다모임장이나 부다모임장이 되어 다모임을 이끌다 보면, 책임감이나 리더십이 생기기 마련입니다. 용기를 내서 입후보한 학생을 믿어주고, 지지하며, 기다려 주는 것은 교육공동체의 몫입니다. 그렇게 서로 이끌고 밀어주며, 비난이 아닌 격려를 하는 것 또한 학생들이 다모임의 주체가 되어가는 과정입니다.

더 나아가기

선생님 학교만의 스토리를 만드세요

다모임은 초등학교에서 주로 쓰이는 자치활동의 형태입니다. 다모임이 시작된 지 얼마되지 않았습니다만, 이제는 초등 자치활동에서 다모임을 떼어 놓고 생각하기 어렵습니다. 왜 많은 학교에서 전교 어린이 회의나 토론회보다 다모임을 선호할까요?

저는 이런 현상이 다양성을 추구하는 시대적 배경과 무관하지 않다고 봅니다. 다모임은 기존의 획일적이던 자치활동 형태에 큰 변화를 가져왔습니다. 단순히 회의만 하는 것이 아니라 공동체 의식을 함양하고, 교육 놀이를 하며, 심지어는 교과와 연계한 활동을 실시합니다. 이는 자치활동으로 대변되는 민주시민 교육이 왜 회의로만 한정되어야 하는가, 과연 회의만으로 민주시민 교육을 실현할 수 있는가, 하는 의문에서 시작되었다고 생각합니다. 그래서 현재의 다모임은 여러 가지 방법으로 추진되며 각 학교에서 추구하는 교육적 가치를 일궈가고 있습니다.

학교자치와 학생 인권이 활성화되면서 학생을 교육의 주체로 인식하는 사회적 변화도 자치활동의 변화에 기여했습니다. 교육의 주체는 학생, 학부모, 교사입니다. 하지만 이전에는 학생을 수동적인 존재로 보았습니다. 학생들은 교육 활동에 적극적으로 개입하기보다는 이미 정해진 결과를 그대로 따랐습니다. 하지만 학교자치와 학생 인권이 화두로 떠오르면서 '학생이 학교의 주인이다'는 인식이 팽배해졌습니다. 학교 규칙이나 학교 행사, 교육과정 등에 학생들의 목소리를 점차 반영하게 되었습니다. 이렇게 학생이 주체가 되는 과정에 다모임이 있습니다. 다모임은 그 형태의 유연함 때문에 현 상황에서 학생들의 의견을 반영하고, 학생이 원하는 가치를 실현하기 적합합니다.

한두 학교에서 시작한 다모임은 이제 전국에서 꽃을 피우고 있습니다. 각 학교마다 가치관과 이상향을 담아 다모임을 운영합니다. 여러 학교에서 가지각색의 다모임을 만들어 나가고 있는 것입니다. 저는 다모임이 하나의 문화 현상이라고 생각합니다. 현재 많은 학교에서 다모임을 자치활동의 방법으로 선택하고 있기 때문입니다. 그리고 다모임은 각 학교만의 특색있는 문화를 형성하고 있습니다.

3년간 우리 학교에서 다모임을 하면서 만들어진 문화는 소통과 배려, 즐거움입니다. 다모임은 민주시민 교육의 일부이므로 학생 간의 소통, 학생들과 선생님 간의 소통, 선생님들끼리의 소통을 주안점으로 두었습니다. 경쟁이 아닌 더불어 지내며 서로 배려하는 가치를 중요시했습니다. 또한 다모임이 학생들에게 학교에 오는 이유 중 하나이길 바랐습니다. 즐거움을 기반으로 해야 학생들도 적극적으로 참여합니다. 다모임 활동 중간중간에 친교나 학생주도 활동을 넣어 학생들이 주체적으로 활동하면서도 행복함을 느낄 수 있도록 했습니다.

선생님 학교의 다모임 문화는 무엇인가요? 또, 어떤 방향으로 다모임을 운영해 가고 싶으신가요? 다모임의 횟수가 거듭될수록 학교만의 다모임의 문화도 공고해집니다. 그렇게 단단해진 다모임의 문화는 학교 나름의 역사가 됩니다. 역사라고 해서 거창한 것이 아닙니다. 일정한 방향으로 꾸준히 가다 보면, 학교 구성원들이 함께 걸어간 길이 만들어집니다. 훗날에는 그 길이 학교의 역사가 되는 것이죠.

다모임을 하면서 선생님 학교만의 스토리를 만드세요. 다모임은 학교 구성원들의 가치를 충분히 실현할 수 있는 통로입니다. 다모임에서 오간 이야기와 웃음, 함께한 시간이 모두 그 학교만의 스토리가 될 것입니다. 자, 이제 다모임을 시작할 시간입니다.

Epilogue

다모임과 함께 한 3년을 돌아보며

다모임을 맡았던 3년의 시간이 한 권의 책으로 나왔습니다. 다모임과 함께 했던 시간이 물거품처럼 사라질까봐 시작한 일이었습니다. 처음 다모임을 시작했을 때부터 지금까지 걸어온 길을 한 걸음씩 더듬어 보는 일은 꽤 의미 있는 작업이었습니다.

다모임은 학교의 수많은 업무 중 하나입니다. 운영 방법도 제각각이라서 담당자가 바뀌거나 학교의 요구가 달라지면, 일관된 방향으로 운영하기 힘들기도 합니다. 그래서 저는 한 권의 책에 우리 학교 3년간의 다모임 이야기를 담고 싶었습니다. 고이 간직하고 싶은 추억처럼 언제든 꺼내보며 기억할 수 있게 말입니다. 그리고 저처럼 다모임을 어떻게 해야 할지 고민하는 선생님들께 도움이 되고 싶었습니다.

3년의 이야기를 한 권의 책으로 엮는다는 것은 쉽지 않은 일이었습니다. 혼자서는 처음으로 책을 내보는지라 목차부터, 구성을 어떻게 해야 하는지 난감했습니다. 포기하고 싶은 마음과 싸우며 지치지 않고 한자, 한 자 한 자 내려가는 일의 연속이었습니다.

하지만 때로는 시간이 답을 줍니다. 그저 묵묵히 걸어온 결과 3년간 다모임 활동은 내실 있게 운영되었고, 그 다모임의 모습을 꼭 닮은 책도 나오게 되었습니다. 돌아보니 감사한 분이 많습니다. 다모임을 할 수 있도록 기회를 열어주신 황강초등학교 장인숙 교감 선생님과 항상 다모임에 대한 지원을 아끼지 않으신 한재택 교장 선생님, 선형종 교장 선생님, 황강초등학교 선생님들께 감사의 말씀을 드립니다.

원고를 다듬고 한 권의 책으로 엮어주신 출판사 담당자와 확신이 없었던 저의 투고에 화답을 주신 미래와경영 담당자 덕분에 끝까지 책을 마무리 지을 수 있었습니다. 2018년, 예작 1기 모임을 통해 글쓰기의 참맛을 알게 해 주신 김성효 장학사님께도 감사를 드립니다. 다모임을 하고, 이 이야기를 책으로 엮으면서 저는 시간의 소중함을 알고, 노력을 가치 있게 여기는 사람이 되었습니다.

항상 부족한 저의 곁을 지켜주는 남편과 아이들, 부모님께 사랑과 감사를 전합니다. 가족의 든든한 울타리 안에서 저의 존재의 의미를 느낍니다. 마지막으로 이 책을 선택하고, 끝까지 읽어주신 독자 여러분께 깊은 감사의 말씀을 드립니다.

다모임과 함께 한 지난 3년이 저에겐,
고민할 수 있어 참 행복한 시간이었습니다.